Susanne Krämer

Schamanische Naturrituale

Mit der Kraft der Natur zu sich finden

nymphenburger

INHALT

Vorwort

Durch Übungen mit der Natur verschmelzen

Starke Naturrituale für die heutige Zeit

Zu guter Letzt

Service

DIE EINFACHHEIT DES SEINS

Fühlst du den Gesang des Windes auf deiner Haut? Riechst du es, wenn bald Schnee kommt? Ist es nicht ein Genuss, wenn der Regen Haare und Haut sanft streichelt? Erfüllt es nicht mit Freude, wenn der Sturm tobt und mit den Kirschblüten wilde Tänze aufführt? Mit der Natur verbunden zu sein ist eine ziemlich emotionale Angelegenheit. Direkt vor deiner Tür, auf der Erde, auf die du täglich deine Füße setzt, beginnt die Verbindung: in der Brache einer Großstadt, zwischen dem »Unkraut« eines Schrebergartens, auf der Bank unter der alten Dorflinde und draußen in der Wildnis deiner Umgebung.

Es geht darum, einfach zu sein. Was nutzt mir ein entlegener Urwald, wenn ich nicht mal weiß, wie die Pflanzen neben meinem Parkplatz heißen und wer die verborgenen Wesen im eigenen Haus sind? Bist du bereit? Ich lade dich herzlich ein, mit mir gemeinsam auf Entdeckungstour zu gehen, um deine Umwelt und dich selbst neu zu erfahren.

Der Natur aufmerksam zu lauschen macht glücklich – und bringt wichtige Erkenntnisse.

DAS LEBEN RIEF – UND ICH FOLGTE

Als moderne Nomadin ziehe ich nun schon seit über zwanzig Jahren um die Welt – meine Kinder, die mongolische Jurte, die Schamanentrommel, die Hunde, die Katzen und ein paar Milchziegen immer in meinem Gepäck. Lange haderte ich damit, so ganz anders zu sein als die meisten Menschen. Meinen Lebensunterhalt verdiente ich unter anderem als Krankenschwester in der Psychiatrie und Intensivmedizin, als Heilpraktikerin, Naturgärtnerin, Sennerin, schamanische Beraterin, mit dem Legen von Tarot-Karten und als Lebenskünstlerin auf Mittelaltermärkten.

Der schamanische Weg tat sich für mich vor über zwanzig Jahren auf, als ich schwer krank wurde. Eine Trennung, die Überforderung im Job als Krankenschwester und der Stress einer alleinerziehenden Mutter hatten mich in eine tiefe Krise gestürzt. Ich erfuhr damals in ei-

Ich genieße die einfachen, alltäglichen Dinge.

ner Trance, dass meine spirituellen Wurzeln in der Wildnis Sibiriens, der Heimat des Schamanismus, liegen.

Heute bin ich gesund, innerlich ein ganzes Stück gewachsen und dankbar für alles, was geschehen ist. Die intensive Beschäftigung mit schamanischen Heilweisen befreite mich von gängigen Denk- und Verhaltensmustern und lehrte mich, auch in schweren Zeiten der leisen, inneren Stimme zu vertrauen. Diese führt mich bis heute, und hierher.

Wunderbare Menschen sind mir im Laufe der Jahre begegnet – und ich bin ihnen tief verbunden. In Norddeutschland traf ich beispielsweise die Künstlerin und Ritualfrau Nana Nauwald, in deren Lehrkreis ich wertvolle Erfahrungen mit schamanischer Trance und zahlreiche Anregungen für Rituale sammeln durfte. Die Bäume des Amazonas Regenwaldes des Curandero Don Pedro schenkten mir wiederum die Fähigkeit, über Gesang mit dem Geist der Pflanzen zu kommunizieren. Die spirituellen Lehrer Santosh und Krishna aus dem Himalaya initiierten meine Zusammenarbeit mit den mächtigen Heilern aus der Welt der Schlangenwesen. Der schamanische Weg fühlt sich für mich an, als würde er jeden Tag neu beginnen, weil täglich neue, noch tiefere Erkenntnisse notwendig und möglich sind.

Seit Anfang 2016 lebe ich mit meinem Mann und dem jüngsten Sohn auf einem 300 Jahre alten Bauernhof im Nationalpark Hohe Tauern in Kärnten ein einfaches Leben. Den Lebensunterhalt bestreiten wir mit unseren 350 Schafen, Selbstversorgung mit Obst und Gemüse in Permakultur sowie durch meine Arbeit in der heilerischen Praxis. Ich liebe unseren uralten Hof und die stille Erhabenheit der Alm, die mich als Mecklenburgerin mit der rauen Natur der Berge verbunden hat. Das einfache Leben mit den Tieren im Zyklus der Jahreszeiten lehrt mich immer mehr Achtsamkeit. In den Hochalpen können nur die anpassungsfähigsten und stärksten Pflanzen überleben. Diese verwende ich zur Herstellung von Räucherwerk, Tinkturen und Ölen.

Am meisten lerne ich, wenn ich einfach in die Stille der Natur lausche. Ich erfahre hierüber heilsame Kraft, die Frieden und Gelassenheit schenkt und mir immer wieder ein stilles Lächeln auf die Lippen zaubert.

NATURVERBINDUNG IST BALSAM FÜR DIE SINNE

In diesem Buch stecken jahrelange persönliche Erfahrungen aus dem Aufenthalt in freier Wildnis und aus angewandter Ritualarbeit. Zahlreiche praktische Übungen regen dazu an, die direkte Umgebung neu zu entdecken und die eigenen Instinkte wiederzubeleben. Zu sehen wie ein Adler, zu gehen wie ein Wolf und zu lauschen wie eine Eule sind angeborene Fähigkeiten, die für unsere Vorfahren als Jäger und Sammler dem täglichen Überleben dienten, die jedoch heute beinahe in Vergessenheit geraten sind.

Die heutige Wahrnehmung ist durch vielerlei Reize überlagert. Fast überall werden Augen und Ohren mit Werbung und Musik berieselt. Bildschirme und Straßenbeleuchtung lassen keine Dunkelheit mehr zu und der Verkehr rollt vierundzwanzig Stunden durch unseren Gehörgang. Dabei schalten die Sinne aus Selbstschutz einen Gang herunter und blenden bestimmte Resonanzen

Der Stille kann man am besten an menschenleeren Orten lauschen, sie hat einen besonderen Klang.

DIE KUNST DES BITTENS UND GEBENS MIT LEERER HAND HEISST BETEN

»Gesegnet sind wir, auf dieser Erde zu tanzen, im Rhythmus des Heiligen den Klang weiterzutragen. Wir beten für die Erde, und für die, die noch kommen. Mögest du in Schönheit wandeln und dich an dein eigenes Lied erinnern. Erinnere dich, dein Leben und alles Leben ist heilig.«

(Frei übersetzt von Peia Luzzi)

ganz aus. Unserer Orientierung dient daher für gewöhnlich die digitale Navigation. Temperatur und Luftfeuchte lesen wir auf einem Messgerät ab und den Wetterbericht gibt's online.

Wäre es nicht schön, ab und zu voll Freude die Regentropfen auf unbedeckter Haut zu spüren und den Weg bei Nacht nur mit den eigenen Sinnen, ohne technische Geräte, zu finden? Ein Weniger an Lärm lässt sich leicht durch gelegentlichen Aufenthalt in der Natur erwirken. Den Fernseher oder Computer auszuschalten kann dabei ebenso hilfreich sein.

Ich selbst bin dankbar, mitten in der Natur, in einem entlegenen Tal der Hochalpen zu wohnen. Ganz leise wird hier draußen das feine Band der emotionalen Verbindung zur Natur gewebt und bringt aufatmende Gelassenheit. Weißt du noch, wie erholsam es ist, unter einem Baum zu sitzen und seinen Blättern beim Erzählen ihrer Geschichten zu lauschen? Immer tiefer taucht der offene Geist in geheimnisvolle Facetten der heimatlichen Erde ein. So entstehen auf natürlichem Wege alltägliche Rituale, die reine Lebensfreude widerspiegeln, und rituelle Feste, welche die Seele berühren.

Mit diesem Buch möchte ich meine Leser ermutigen, mit der Natur harmonischer zusammenzuleben. Meine Rituale inspirieren zu emotionaler Verbindung und stellen den Kontakt sowohl zur sichtbaren Natur als auch zur unsichtbaren Welt wieder her. Denn die geistige Welt braucht uns genauso wie wir sie. Jeder Geist – der des Menschen, des Tieres und der Pflanze – wird sowohl mit Nahrung als auch mit Aufmerksamkeit und Liebe ernährt. Wenn alles Lebendige als Resonanz im eigenen Körper spürbar ist, entsteht ein neues Gleichgewicht. Wenn Pflanzen und Tiere wieder als beseelte Wesen erkannt werden, erwächst echtes Mitgefühl und eine tiefe natürlich Verbindung. Erhöhte Achtsamkeit und Respekt vor dem Leben verändern den Umgang des Menschen mit der Natur grundlegend. Und genau das wünsche ich mir.

Durch Übungen mit der Natur verschmelzen

Elemente, Wettererscheinungen, Tiere und Pflanzen in ihrer Gesamtheit erspüren, den Reichtum und die Schönheit der Natur, ihre Kraft und Fülle mit allen Sinnen und zu jeder möglichen Zeit genießen – dazu sollen dich die folgenden Übungen inspirieren.

Es ist vollkommen egal, wie alt oder jung du bist, ob du in der Stadt lebst, oder wie ich, inmitten der Berge. Entscheidend ist deine Bereitschaft, dich wieder auf das Wilde, Natürliche einzulassen, denn ein Stück wilde, grüne Natur findet sich überall – nicht zuletzt tief in dir selbst.

WAHRNEHMEN UND FÜHLEN ERWEITERN

DIE SINNE ACHTSAM SCHÄRFEN

Die Wildnis mit ihren weisen Wesen ist eine große Lehrerin. In der Ruhe einer weiten Landschaft, der grünen Tiefe eines Waldes, der steinigen Höhe der Bergwelt, begegnet man neben wundervollen Tieren und Wettererscheinungen vor allem sich selbst, ungeschminkt und echt. Begegnungen mit der Stille schenken Gelassenheit, Freude, Kreativität und ein unbezahlbares Gefühl von Harmonie.

Lange war diese selbstverständliche Bindung an natürliche Kraftquellen in Vergessenheit geraten. Sanfter Tourismus, Natururlaub und Überlebenstrainings werden heute immer beliebter. Das zeigt, dass sich die Menschen zurück zur Natur bewegen und eine Veränderung der Bedürfnisse bereits stattfindet.

Sich strecken, bewegen und tief durchatmen befreit und tut der Seele gut.

Ein bewusst wahrnehmender Mensch fühlt sich in der Wildnis geborgen. Er empfindet die ihn umgebenden Lebewesen als einen selbstverständlichen Teil des Ganzen. Um sich jedoch sicher und gefahrlos draußen zu bewegen, sind wache, offene Sinne und ein gesunder Instinkt wichtige Voraussetzungen. Beides kann, etwa wie Muskeln in einem Fitnessstudio, regelmäßig trainiert werden. Mit etwas Geduld entwickeln sich wieder vielseitig nutzbare menschliche Instrumente. Irgendwann fügen sich kleine Rituale fest in das eigene Leben, so wie der Schnee, der Regen und die Sonne in die Jahreszeiten.

DER ATEM – RHYTHMUS DES LEBENS

Die hier beschriebenen Atemübungen kommen aus dem indischen Ayurveda und wirken aktivierend und vitalisierend auf Körper und Sinne. Durch die intensive Atmung erhöht sich die Sauerstoffversorgung im Körper, und Kohlendioxid wird vermehrt ausgeschieden. Alle sensorischen Empfindungen wie Tasten, Riechen und Hören verstärken sich. Nach meinen Erfahrungen riechst und schmeckst du bereits nach ein bis zwei Wiederholungen etwa doppelt so viel.

Die folgenden drei Übungen nehmen insgesamt täglich etwa 15–20 Minuten in Anspruch. Du kannst sie daheim in ein einem ungestörten Raum, idealerweise aber draußen in der Natur durchführen. Dazu benötigst du lediglich eine Decke und bequeme Kleidung. Wenn die Temperatur es erlaubt, solltest du die Schuhe währenddessen ausziehen.

Zwischen jeder Anwendung machst Du eine Erholungspause von 2–3 Minuten. Während der Durchführung ist ein leichtes Schwindelgefühl möglich. Dies liegt an der erhöhten Sauerstoffversorgung, die zunächst ungewohnt ist. Der Schwindel verliert sich aber mit der Zeit. Daher macht es Sinn, die Übungen sitzend durchzuführen. Atemübungen machst du idealerweise morgens, vor dem Beginn der täglichen Aktivitäten. Deine Augen sind dabei immer geschlossen.

Im Sitzen fällt es leichter, sich auf die bewusste Atmung zu konzentrieren.

KOPFATMEN FÜR EINE FEINE NASE

Diese Übung befreit Nase und Stirnhöhlen. Dein Geruchssinn wird geschärft, und bereits nach der ersten Durchführung wirst du einen blühenden Baum aus weiter Entfernung allein durch seinen Duft wahrnehmen.

- Setz dich möglichst bequem auf den Boden. Der Rücken muss gerade sein, der Kopf wird nach vorne aufgerichtet.
- Du kannst auch, wie etwa im Yoga, den »Lotussitz« einnehmen. Dazu legst du den rechten Fuß auf den linken Oberschenkel und den linken Fuß auf den rechten Oberschenkel. Die Hände liegen locker auf den Knien, die Arme sind dabei entspannt.
- Atme zuerst ein paarmal tief ein und aus und lasse dabei den Atem natürlich fließen.
- Verschließe nun das rechte Nasenloch mit dem Zeigefinger der linken Hand und atme durch das linke Nasenloch tief ein. Dann lege den Daumen der

linken Hand auf das rechte Nasenloch und atme tief aus. Der Atem sollte gut hörbar sein. Atme auf diese Weise etwa 3 Minuten lang und lege dann eine Pause ein, in der du ruhig und natürlich atmest. Wiederhole die Übung dreimal direkt hintereinander.

MIT BAUCHATMEN DIE LEBENSGEISTER WECKEN

Diese Übung bringt den Kreislauf so richtig in Schwung, durchblutet auch die entferntesten Blutgefäße und unterstützt dich, den gesamten Körper intensiver zu spüren.

- Lege dazu beide Hände mit leichtem Druck auf den Bauch, links und rechts vom Bauchnabel. Die Arme sind dabei leicht angewinkelt.
- Lasse den Atem zuerst eine Weile natürlich fließen. Beginne dann, kräftig und rhythmisch auszuatmen, presse die Luft dabei stoßweise durch die Nase tief aus dem Bauchraum heraus. Die Ausatmung wird mit leichtem Druck der Hände auf die Bauchdecke unterstützt. Das Einatmen geschieht dabei passiv. Die Atemfrequenz soll rhythmisch und kraftvoll sein und klingt etwa wie eine Dampflok.
- Nach etwa einer Minute lässt du den Atem für eine Weile ruhig werden, so lange, bis dein Puls wieder normal schlägt.
- Führe die Übung dreimal hintereinander durch.

ACHTSAM WAHRNEHMEN DURCH BRUSTATMEN

Diese Übung kannst du im Stehen oder auf einem Stuhl, aufrecht sitzend, durchführen.

- Winkle die Arme ab, so dass die Fingerspitzen leicht an der Stirn aufliegen. Beide Ellenbogen liegen dabei leicht am Brustkorb an.
- Die Ausatmung wird stark fokussiert: Atme stoßweise und kräftig hörbar ein (Dampflok) und durch die Nase wieder aus. Die Ellenbogen und Arme unterstützen mit leichtem, rhythmischem Druck auf den Brustkorb.
- Nach etwa einer Minute machst du eine Pause. Lass den Atem für eine Weile ruhig fließen.
- Die Übung sollte dreimal je eine Minute durchgeführt werden.
- Nach den drei intensiven Atemübungen gehst du in die entspannte Rückenlage, schließt die Augen und lässt den Atem bewusst langsam strömen. Was hat sich an deinem Geruchs-, Geschmacks- und Gehörsinn verändert? Wie nimmst du deinen Körper, deine Haut wahr?

Dein Blick geht mit etwas Übung tief hinter das Offensichtliche.

SEHEN WIE EIN ADLER, LAUSCHEN WIE EINE EULE

Die folgenden Übungen schärfen sämtliche deiner Sinneswahrnehmungen: wie ein Adler Details in der Ferne zu erblicken, den Hirsch im Wald zu erlauschen, Regen oder Schnee aus der Ferne zu riechen, und die besondere Stimmung, zum Beispiel vor einem Unwetter, zu spüren, geben dir mehr Vertrauen und Sicherheit, wenn du draußen bist.

Mit etwas Mut und Geduld ist das für jeden möglich. Schritt für Schritt wird es leichter, die Umgebung auf vielschichtige Weise zu erleben. Schenke dir diese Zeit, um dich mit der Natur zu verbinden. Sie gibt Körper und Geist viel Kraft und bereitet spielerische Freude. Ich empfehle dir, für die folgenden Übungen ein Tagebuch anzulegen, um eine hübsche Erinnerung zu haben, und damit du nachvollziehen kannst, wie sich dein Empfinden im Laufe der Übungen langsam verändert.

In einem Wald oder auf einem Hügel sitzend, lauschend, still, mit geschlossenen Augen, nimmt man intensiv Geräusche, Gerüche und Schwingungen wahr. Wie fühlt sich der Körper an diesem Platz an? Fühlt er sich wohl? Welcher Platz ist für eine sichere Übernachtung oder für ein kleines Ritual geeignet? Wo befindet sich eine Quelle mit Trinkwasser? Welcher Schritt ist womöglich gefährlich? Die beiden folgenden Sehübungen kommen aus dem Überlebenstraining. Mit ihnen wird im wahrsten Sinne des Wortes der eigene Blickwinkel erweitert. Sie dienen dazu, zuerst das große Ganze, das Wesentliche in der Umgebung, danach dann die Details klar wahrzunehmen und für sich einzuordnen.

WEICHER BLICK FÜR NEUE PERSPEKTIVEN

- Setze dich an eine Stelle, von der aus du weit ins Land schauen kannst und versuche, deinen Verstand zur Ruhe zu bringen. Lasse dir dabei etwas Zeit.
- Nun lasse deinen Blick absichtlich unscharf werden, das gesamte Bild vor Augen absichtlich verschwimmen. Versuche nichts mit deinen Augen festzuhalten, nichts zu fixieren. Alles sieht weich aus.
- Nun beginnst du, die Konturen zu einem Gesamtbild zusammenlaufen zu lassen. Wie fühlt sich der Platz an? Wo endet und wo beginnt der Horizont? Welche Kontur hat er? Welche Farben herrschen vor, welche markanten Pflanzen und Tiere nimmst du wahr?
- Führe die Übung mehrmals nacheinander durch. Versuche mit einem Blick »nichts« und gleichzeitig »alles« wahrzunehmen.

SCHARF SEHEN MIT DEM ADLERBLICK

Mit dieser Übung bewirkst du exakt das Gegenteil der vorherigen: Sie schärft den Blick für Details und schafft einen visuellen Weitwinkel. Sie ist eine Orientierungsübung und macht Dinge sichtbar, die du sonst übersehen würdest. Dazu benötigst du eine Unterlage, einen Bleistift und ein weißes Blatt.

Wie ein Adler erkennst du mit der Zeit immer mehr Details.

- Falte das Blatt quer in drei Teile. Die Abschnitte sollten etwa gleich groß sein.
- Richte deine Augen zuerst auf alles, was weit von dir entfernt liegt. Nimm die Details wahr, den Horizont, seine exakte Form, alle Bauten, Bäume, Tiere, Erhebungen, ihre Form, die Himmelsrichtung, einfach alles.
- Wiederhole diesen Blick dreimal, schließe danach jedes Mal deine Augen und versuche, dich an alle Details zu erinnern. Zeichne alles genau so auf das obere Drittel des Blattes.
- Nun richte den Blick auf alles, was zwischen dem weiten Hori-

zont und etwa 5 Meter vor deinen Füßen liegt. Schau diesen Abschnitt genau an. Merke dir alle Details, Bäume, Büsche, Gebäude, Tiere, Erhebungen.

- Wiederhole den Blick dreimal. Schließe danach jedes Mal kurz deine Augen.
- Nun zeichne alles, an was du dich erinnerst, auf den mittleren Teil deines Blattes.
- Richte den Blick auf deine nahe Umgebung und nimm alle Details, auch kleine, bis hin zu den Füßen wahr.
- Welche Pflanzen, Tiere, Erdbeschaffenheiten siehst du? Alles ist gleich wichtig.
- Auch diesen Abschnitt betrachtest du intensiv dreimal. Schließe danach jedes Mal deine Augen.
- Zeichne alles aus deiner Erinnerung auf den dritten Abschnitt deines Blattes.
- Nun falte das Blatt auf und füge die Zeichnungen zusammen. Vergleiche mit es mit dem Gesamtbild. Hast du Details übersehen?

Barfuß laufend können Menschen mit den Füßen »sehen«.

DIE ERDE UNTER DEN FÜSSEN SPÜREN

Wenn wir im Sommer auf unserer Alm wohnen, gibt es außer dem Wispern des Windes, dem Pfeifen der Murmeltiere und dem heiseren Schrei des Adlers kaum Geräusche. Wanderwege sind dort oben steil, steinig und zudem spärlich. Auf 2600 Metern Höhe haben sich Menschen, Pflanzen und Tiere entweder gut an die rauhe Umgebung angepasst, oder sie halten es dort nicht aus. Wenn man sich emotional auf die unglaubliche Stille einlässt, lässt sie einen nicht mehr los. Nicht als sportlicher »Kick«, sondern zum Ankommen – bei sich selbst – ist die Bergwelt eine großartige Hilfe.

Unsere jungen Farmhelfer, die aus verschiedenen Teilen der Welt kommen, um die einzigartige Natur der Hochalm und die Einfachheit des Lebens ohne Strom und WC zu erleben, machen dabei sehr unterschiedliche Erfahrungen. Einige schaffen es kaum, den Berg hinaufzugehen, und können oben kaum mehr atmen. Andere dagegen erstaunen durch Feingefühl und Anpassungsfähigkeit, wie die folgende Geschichte zeigt.

DER WOLFSMANN AUS JAPAN

Es war Anfang Juni, Zeit für die Schafe, nach dem Winter wieder raus auf die Alm zu kommen. Der Schnee war gerade getaut und die morgendliche Wiese noch feucht. Wir wollten einen neuen Elektrozaun für 350 Schafe stecken, was auf über 2100 Metern eine riskant und rutschige Sache ist. Die Hänge sind teilweise so steil, dass ein ungeübter Mensch auf allen Vieren kriechen muss.

Akito, ein junger, japanischer Schuhmacher, brachte uns alle zum Staunen. Er ging zum ersten Mal, allein und sehr langsam, die steile Fläche zum Bretterich-Gipfel hinauf, sah sich die gesamte Umgebung genau an, setzte sich kurz hin und legte die Hände auf den Boden. Er nahm fühlbar »Kontakt« zum Berg auf. All seine Sinne waren sichtlich konzentriert, man konnte die aufmerksame Spannung bis in einige Entfernung spüren. Wir beobachteten ihn erstaunt, denn so etwas war hier bislang nicht geschehen. Trotz seiner scheinbar langsamen Gangart kam er gut voran.

Oben angelangt ging er, ohne ein Wort zu sagen, direkt wieder hinab, setzte dabei bedächtig die Füße, und tastete den Berg mit ihnen ab. Wieder im Tal zog er die schweren Bergschuhe aus, schulterte eine Rückenkraxe und zwei Säcke mit Material zum Zaunbau – jeden in einer Hand – und lief federleicht, in dünnen Barfußsandalen, im leichten Trab den Berg zu uns wieder hinauf.

Der japanische Wolfsmann ist in den Kärntener Bergen wie zuhause.

Wir standen da und staunten, wie er Steine, Geröll und 150%ige Steigung sicher wie im Schlaf bewältigte. Auf die Frage, wie er das geschafft hatte, antwortete der junge Mann: »Ich habe zuerst mit dem ehrwürdigen Berggeist gesprochen.« Akito ist inzwischen Schafhirte auf einer Hochalm im Salzburger Land.

Von diesem jungen »Wolfsmann« kann man tatsächlich etwas Wichtiges lernen: Akitos Verhalten zeigt große Achtsamkeit und Bewusstheit im ganzen Körper, aber auch eine tief emotionale Verbindung. Sicher war er im Laufen nicht ungeübt und brachte bereits eine gute Konstitution mit. Seine Geschichte zeigt aber, dass der Wille, sich emotional auf die Natur einzulassen, sich als Teil des Ganzen zu empfinden, ein wichtiges Instrument ist. Um es Akito mit der Zeit nachzutun, nutze die folgende Übung.

Mit allen Sinnen den Weg ertasten macht wach und glücklich.

MIT DEM GANG DES WOLFES SICHER DURCH DIE NATUR

Für diese Übung ist etwas Erfahrung im Wandern oder Bergsteigen gut. Der Wolfsgang hilft dir, sicher auf unebenem Gelände und bei schlechter Sicht voranzukommen. Er fördert die Achtsamkeit deines Körpers, vor allem verleiht er dir Mut, unbekannte Gegenden zu erkunden und Vertrauen in die eigene Wahrnehmung zu fassen.

- Suche tagsüber eine möglichst ebene Stelle im Wald oder auf einer Wiese. Um Unfälle auszuschließen, kannst du anfangs eine zweite Person dazu bitten.
- Erforsche alle Hindernisse und Bodendellen zuerst mit den Augen. Gehe sie nun mehrmals spiralförmig ab, um sicher zu sein, dass keine gefährlichen Stolperstellen vorhanden sind.
- Führe die Übung zuerst bei Tag durch. Gehe dann nachts dorthin. Schau genau, ob sich etwas verändert hat. Wenn es nicht zu kalt ist, dann zieh die Schuhe dabei aus. Barfuß nimmst du alles wesentlich besser wahr. Schließe nun die Augen und nimm eine Augenmaske oder ein Tuch zur Hilfe, damit es wirklich dunkel ist. Höre, rieche, schmecke und spüre deine Umgebung mit den verbleibenden Sinnen. Welche Geräusche kannst du wahrnehmen? Wie riecht der Wald? Wie ist der Boden beschaffen?
- Halte jetzt den rechten Fuß in Schrittstellung vor den Körper. Beginne mit den Ballen zuerst langsam und gründlich den Boden zu ertasten. Gehe dabei halbkreisförmig vor, führe den Fußballen zuerst vorsichtig nach rechts, dann langsam nach links. Nun ziehe ihn wieder zurück an deinen Körper. Die Bewegung sollte ruhig und fließend sein.
- Danach tastest du dieselbe Stelle mit den Fersen ab. Gehe im Halbkreis nach rechts und links. Klopfe dabei vorsichtig, jeweils mit der rechten und linken Ferse, auf den Boden. Dann gehe vorsichtig, einen Schritt weiter.
- Wiederhole die Übung bei jedem Schritt. Die Übung fühlt sich meiner Erfahrung nach mit der Zeit wie ein intensiver Tanz mit der Umgebung an. Wenn Du etwa 30 Schritte so gegangen bist, mache eine Pause.
- Führe den Wolfsgang zuerst bei Tag, dann bei Nacht durch. Je öfter du ihn wiederholst, desto sicherer fühlst du dich – und erlangst in unebenem, schwierigen Gelände oder bei schlechter Sicht innere Sicherheit.

SICH MAGISCH MIT NEUN PFLANZEN VERBINDEN

IN KONTAKT MIT EINEM PFLANZENWESEN TRETEN

Seit Jahrtausenden weben kundige Kräuterfrauen das Netz der Heilung. Ihr schier unerschöpfliches Wissen fließt bis heute in vielerlei Bücher und Rezepte. Gerade heute nutzen immer mehr Menschen Pflanzen, um ihre Gesundheit auf natürliche Weise wiederherzustellen, ihr Immunsystem zu stärken und Verletzungen zu behandeln.

Pflanzen können Antworten auf Lebensfragen geben und den Schlüssel zur geheimen Welt der Geistwesen besitzen. Sie nehmen in der Welt des Magischen schützende, öffnende, transformierende und abgrenzende Aufgaben wahr. Das intuitive Wissen der Großmütter entstand während des bewussten »Butten sitten« – des »draußen Sitzens« – aufmerksam lauschend in der Natur.

So ein Baumriese kann weiser Ratgeber und Zuhörer sein.

Doch wie reden die Menschen heute mit einer Pflanze? Wie nehmen wir Pflanzen magisch wahr? In der folgenden Übung erweiterst du dieses Wissen durch deine eigenen Erfahrungen. Dazu benötigst du weder bewusstseinserweiternde Substanzen noch eine besondere Gabe. Gute Voraussetzungen für das Gelingen der Übungen sind etwas Zeit, eine klare Absicht und eine gewisse Beharrlichkeit. Über die Empfindungsmethode stellst du einen Zugang her, über den du dich direkt mit dem ätherischen Pflanzenwesen austauschen kannst.

LERNEN, MIT PFLANZEN ZU REDEN

- Setze dich entspannt und aufmerksam vor deinen Lieblingsbaum. Lass dich dabei ganz von deinem Gefühl leiten.

Mit geschlossenen Augen beginnst du zu tasten und nach innen zu lauschen …

- Nutze die Atemtechniken auf S. 12–14, um in die Welt der verstärkten Empfindungen zu gelangen. Nimm die Pflanze mit all deinen Sinnen wahr. Taste, schmecke, rieche sie genau und sieh sie dir auch genau an. Empfinde die besondere Schönheit und das Wesen der Pflanze. Ist ein Gesicht in ihr? Hat sie eine besondere Ausstrahlung? Verändern sich Licht oder Farbe?
- Nimm den »weichen Blick« zur Hilfe. Stelle dir vor, du selbst wärst eine Pflanze. Recke und strecke dich dem Licht zu, lasse dich sanft vom Wind streicheln, fühle die Luft auf deiner Haut. Empfinde die Umwelt so wie ein Pflanzenwesen.
- Lege nun die Hände mit der Innenfläche nach unten auf den Boden. Stelle deine Füße barfuß auf die Erde. Nimm dabei eine möglichst entspannte Position ein. Stelle dir vor, aus deinen Fingern und Zehen sprießen kleine, feine, dann immer stärkere »Wurzeln«. Sie wachsen tief in die Erde hinein. Sie verbinden, verflechten sich dort mit den feinen Wurzelhärchen der Pflanze.
- Wiederhole die Wurzelübung so lange, bis du die Wurzeln deutlich spürst.
- Verbinde deinen Atem mit den Empfindungen der Wurzeln. Beim Einatmen lockerst du deinen Beckenboden und nimmst bewusst mit den Handflächen und Fußsohlen Informationen aus den Wurzeln der Pflanze auf.
- Stelle dir vor, du wärst ein Baum, der über die Hände und Füße Wasser aufnimmt. Versuche Informationen aus der Pflanze wie eine leise Stimme im Inneren zu fühlen. Folge dabei dem ersten Impuls, der sich dir zeigt. Dann atme tief aus und lasse die Pflanze wieder los.
- Beim erneuten Einatmen ziehst du den Beckenboden fest nach oben und lässt ihn angespannt.
- Du kannst jetzt eine Frage an die Pflanze richten. Beim Ausatmen wirst du die Antwort des Pflanzenwesens als leise, innere Stimme wahrnehmen.
- Lege Pausen zwischen den Atemzügen ein, lasse dabei die Augen geschlossen und bleibe im Empfinden.

- Fahre mit der Übung etwa 5 Minuten fort und mache dann eine Entspannungspause. Wiederhole die Übung sooft, wie sie dir guttut, und traue dir auch Experimente zu.
- Bedanke dich nach jeder Übung bei der Pflanze. Frage, was sie sich zum Dank wünscht und gebe es ihr von Herzen. Lege dich danach auf den Boden und spüre ein wenig nach.

Nach dieser Übung wirst du deinen Zugang zu Pflanzen auf individuelle Weise neu erfahren. Probiere sie auch in unterschiedlichen Mondphasen aus, bei Neu- und Vollmond. So erfährst du ganz direkt, wann die Pflanze zum Beispiel eher medizinisch und wann magisch verwendet werden kann.

KRAFTVOLLE MEISTERPFLANZEN UND IHR POTENZIAL

Wenn ich zu rituellen Zwecken mit Pflanzen arbeite, ernte ich die dazu benötigten Blätter, Wurzeln oder Zweige mit besonderer Achtsamkeit: Ich beachte die Mondrhythmen und nutze die Übung der Pflanzenkommunikation dazu. Manche Pflanzenteile trage ich während eines Rituals in den Händen, lege sie unter die (nackten) Fußsohlen oder auf andere Bereiche des Körpers. Dabei entscheidet die Art des Rituals, aber auch die mit der Zeit gewachsene Intuition. Probiere selbst aus und lasse dann dein eigenes Gefühl entscheiden, wo du dir Unterstützung von einem Pflanzenwesen wünschst.

Eschen im herbstlichen Bergwald – eine direkte Verbindung zu den Göttern.

Im Folgenden stelle ich dir die Pflanzen vor, die um mich herum wachsen und die ich häufig in meinen Ritualen verwende sowie die rituellen Techniken selbst. Auch im Städtischen wachsen die von mir beschriebenen Pflanzen häufig, so dass du ihre Wirkung überall selbst ausprobieren kannst. Die kurzen Erklärungen und Anregungen sind über die Jahre gewachsen und bewusst kurzgehalten, um dir Raum für eigene Erfahrungen zu lassen.

Ich beschreibe die **Esche** zuerst, weil sie für mich den »Götterbaum« verkörpert, der alle Wesen miteinander verbindet. Ich nenne sie auch »Feuerbaum«, da sie uns aufgrund ihres guten Brennwertes und der Schnellwüchsigkeit als Feuerholz dient. Die Esche verbindet seit Urzeiten

◂ Schlanke biegsame Birken sind selbst im Winter ein anmutiger Blickfang.

▴ Majestätische männliche Kraft: 1000-jährige Ivenacker Eichen in Mecklenburg.

mit ihrem hohen, schlanken Stamm, der weiten Krone und den tief reichenden Wurzeln menschliche Vergangenheit, Gegenwart und Zukunft zu einem gemeinsamen Ganzen. Sie gilt in der nordischen Mythologie als Weltenbaum und kosmischer Schlüssel zu den neun magischen Welten von Yggdrasil, der »Weltesche«.

In der Glut ihres Feuers lese ich Orakel, aus ihren Ästen habe ich meine ersten Runen geschnitten. Du kannst noch heute über ihre Blätter, Zweige und Wurzeln in magische Welten reisen, um Kraft oder Verbündete zu finden. Suche dazu am Vollmondtag um die Mittagsstunde einige grüne Zweige, die du mit Erlaubnis des Baumes zu diesem Zweck schneidest. Einige hältst du während eines Rituals in den Händen und ein paar andere legst du unter deine Füße, um die Kraft der Esche zu spüren.

Für mich ist die **Eiche** Symbol für Standhaftigkeit und gesunde Männlichkeit. Ihr Stamm zieht durch den hohen Wassergehalt bei Gewitter Blitze an, weshalb man sie, wie den Partner im Streit, bei Unwetter meiden sollte. Trotz der Blitzeinschläge und Verbrennungen behält die Eiche ihre Kraft unvermindert, und aus dem verbrannten Stamm sprießt neues Grün. Sie zeigt uns, dass es möglich ist, schwere Schicksalsschläge zu überleben und dabei die Lebenskraft zu bewahren.

Eichenlaub und geschnitzte Stäbe aus ihrem Holz nutze ich in Ritualen zur Stärkung der Männlichkeit und um männlichen Schutz anzurufen. Die Kraft der Eiche verleiht dem, der mit ihr verbunden ist, Standhaftigkeit und Willensstärke. Frisches Eichenlaub, in ritueller Trance in der Hand gehalten, verbindet den Reisenden mit dem Herrn des Waldes, dem »Wilden Mann«, dem Beschützer der Wildtiere und Bäume, der sinnlich-wilden männlichen Kraft. Eindrucksvolles Sinnbild der Eichenkraft sind für mich die tausendjährigen Eichen von Ivenack in meiner Heimat.

So wie die Eiche das Männliche verkörpert, so steht für mich die **Birke** für Weiblichkeit. Eine Gruppe weißer Birken zieht den Blick durch Anmut und lichtvolle Ausstrahlung an. Ihre Zweige sind schlank, biegsam und wispern leise im Wind. Die Rinde ist luftgepolstert und wasserfest. Sie wurde in früheren Zeiten zur Dämmung und Abdichtung von Häusern und im Bootsbau verwendet.

Birkenrinde brennt sogar, wenn sie feucht ist. Deshalb ist sie ideal, um in der Wildnis ein Feuer zu entzünden. Birkensaft und -blätter wirken reinigend auf die Nieren und entschlacken das Blut. Sie bringen Körpersäfte ins Fließen, bei ritueller Anwendung bezieht sich dies auch auf den menschlichen Geist. Trotz Sturm und Gewitter (der Emotionen) steht die Birke ihre Frau und zieht die Kraft ihrer Gefühle zur rituellen Arbeit heran.

Während eines Rituals in der Natur stellt eine Gruppe biegsamer, weißer Birken einen wirksamen Schutzraum her. Ihre Zweige kreisförmig gesteckt schmücken meinen Altar der Göttin der Einweihung, die sinnenfrohe, personifizierte Urkraft der weiblichen Schöpfung, die Kraft der freudigen Empfängnis, des Lebenschenkens und -bewahrens, aber auch die Kraft der Übergänge zwischen Leben und Tod. Die Kraft der Birkengöttin unterstützt meine weibliche Wandlungskraft und verleiht Fröhlichkeit und Anpassungsfähigkeit in schweren Zeiten. Bei Vollmond im Mai hat die Birke besonders viel Kraft. Ich ernte etwas Rinde, um darauf mit roter Farbe Schutz- und Heilsymbole zu zeichnen. Diese verwende ich für magische Amulette.

Der Herzbaum Linde ist Treffpunkt für Liebende.

Die herzförmigen Blätter der **Linde** zeigen, was sie mit ihrer Ausstrahlung vermag. Sie ist der Baum der Herzlichkeit und Kommunikation in der Gemeinschaft. Bei ihr trafen sich seit jeher Paare, und unter deren Krone sangen schon unsere Großeltern Liebeslieder. Weise Frauen lauschten früher den Blättern der Linde und nutzten das Raunen im Wind für Voraussagen. Duftender Lindenblütentee mit etwas Bienenhonig ist seit meiner Kindheit mein Liebling unter allen Teesor-

▲ Apfelblüten sind Sinnbild der Jugend und Sinnlichkeit.

◄ Der Wächter des kleinen Volkes – Wacholder.

ten. Er ließ mich bei Fieber und Erkältung die aromatische Süße des Frühsommers schmecken und linderte sämtliche Beschwerden durch wohlige Wärme.

In meiner Arbeit verwende ich Lindenzweige zur Förderung des Lauschens mit dem Herzen in der Kommunikation. Dazu bitte ich den Baum um Unterstützung, ernte einige blühende Zweige und stelle sie mit einem Gebet in die Vase auf meinem Hausaltar. Beim Mittsommerfest im Juni wird mein gesamter Ritualplatz mit Zweigen und Blättern der Linde geschmückt und Ritualfrauen tragen Kränze aus duftenden Lindenblüten. So feiern wir in inniger Gemeinschaft die Mitte des Jahres bei Met und Feuer in Gemeinschaft und Herzlichkeit – natürlich unter einem Lindenbaum.

Der **Apfelbaum** ist seit Urzeiten Symbol für Jugend und Sinneslust. Seine rotwangige Frucht und die rosa Blüten stehen auch in den dunklen Zeiten des Winters für Lebensfreude. Äpfel bleiben lange frisch und lassen sich bis zum Frühjahr lagern. Sie halten den Menschen durch ihre Vitamine gesund. Die runde Form und glänzende Farbe symbolisieren jugendliche Schönheit und Vollkommenheit. Apfelblüten schmücken den Altar der Maikönigin, der jugendlichen Form der Erdgöttin Gaia, und das Haar junger Frauen im Mairitual. Die Knospen beginnen nach einer Woche zu blühen, wenn sie im Februar geschnitten und ins Wasser gestellt werden. Dort läuten sie den Frühling ein und bringen Schönheit und Freude ins Haus.

Wenn ich in meinen Träumen dem Apfelbaum begegne, geht es meist um Vollendung und den Abschluss eines Lebensabschnittes, oder um wichtige persönliche Entscheidungen. Symbolisch sagt mir der Baum, dass ich unbeirrt einen selbst gewählten Weg gehen soll. Ein Zweig des Apfelbaumes in der Handfläche unterstützt mich dabei, im Ritual Ideen und Inspiration für einen neuen Lebensabschnitt zu erhalten, und hilft durch Anregungen dabei, den richtigen Weg zu wählen.

Schon der Name »**Wach-older**« sagt mir, wo und wozu dieser Baum wächst. Er ist der natürliche Wächter der sensiblen Bereiche der Elfen, Zwerge und mystischen Wesen. Er beschützt mit seinen stacheligen Ästen alles, was in und unter ihm wohnt. Sein Duft und seine Ausstrahlung wecken übersinnliche Begabungen desjenigen, der die stachelige Barriere zu überwinden weiß.

Naturmedizinisch wende ich Wacholderöl zur Erwärmung der Muskeln und den Tee aus den Nadeln zur Erhöhung des Blutflusses an. Ein warmes Fußbad mit Wacholderessenz erwärmt schnell durchgefrorene Zehen, ein Vollbad mit Zusatz von Duftöl ist hilfreich bei Fieber und Schüttelfrost.

Immergrüne Wacholderzweige verwende ich als Schmuck auf meinem Ahnenaltar. Seine Nadeln und Früchte auf Holzkohle geräuchert verbinden mich innerlich mit der Weisheit unserer Vorfahren. Der ätherische Duft wirkt reinigend und klärend auf alle Sinne. Jeden Morgen, wenn ich den uralten Holzherd in der Küche heize, gebe ich einige duftende Wacholdernadeln auf die heiße Oberfläche. Ihr frischer Duft belebt mich, er hebt die Stimmung schneller als ein Kaffee.

Ein Weißdorn wirkt als Beschützer und Heilpflanze. ▼

Die Frühlingsgöttin im Hochzeitsgewand – Hollerblüten. ▼▼

Die mehligen, roten Früchte des **Weißdorn** leuchten freundlich aus der dornigen Hecke, die niemanden freiwillig durchlässt. So gilt der wehrhafte Busch in der Magie als Schutz gegen Verwünschungen und allerlei unwillkommene Besucher aus der Geisterwelt. Er schützt liebende Paare und der emotionale Kontakt zum Weißdorn lindert Liebeskummer. Sein Saft gilt als lebensspendend, er soll laut alter Sagen Tote zum Leben erwecken.

Beim Aufbau meines rituellen Schutzes ist der Weißdorn eine wichtige Zutat. Die Naturmedizin verwendet Weißdorn hauptsächlich als Herz- und Kreislaufmittel. Dieses Tonikum verbessert die Herzleistung – besonders bei älteren Menschen – und lindert Kreislaufbeschwerden.

Im Ritual ist der Weißdorn mit seinen roten Beeren einer meiner wichtigsten Schutzpflanzen. Seine langen Stacheln halten unliebsame Geister von mir und meiner Umgebung fern. Wegen seiner Schutzfunktion hat er seinen Platz auch über der Haustüre. Im März kannst du seine blühenden Zweige in einen Kräuterbuschen binden, um die Geister des Winters beizeiten zu vertreiben.

Holunderblüten bringen den unverkennbaren Duft des Wonnemonats Mai ins Haus. Ihre weiße Pracht umkränzt unseren gesamten Bauernhof. Viele alte Hollertanten lassen im lauen Frühlingswind die feinen Blüten auf unsere Köpfe schneien. Im Winter tut ein heißer violetter Holunderbeerensaft am warmen Ofen besonders gut.

Ein Holunderstrauch ist der geistige Wächter eines Hauses. Der Name »Frau Holle« oder »Holda« (althochdeutsch = »die Strahlende«) verkörpert die reife, starke Frau, die göttliche Mütterlichkeit. Die germanische Göttin Holda hat ihren Sitz im Holunder. Sie ist Hüterin von Heim und Herd, Frau und Kind. Einen Hollerbusch zu fällen ist aus diesem Grunde bis heute tabu.

Mit der magischen Mistel öffnen sich die Tore zur Mystik.

In Ritualen verwende ich Holunder zum Schutz vor und zur Ausleitung von Flüchen oder Verwünschungen jeder Art. Die enorme Wandelkraft des Baumes kann unerwünschte Energien aufnehmen, die er dann in seinem unterirdischen Reich in Liebe und Mitgefühl verwandelt. Vier selbstgeschnitzte, mit Symbolen bemalte und geweihte Zweige des Holunders, am Vollmond im Dezember in Achtsamkeit geschnitten (etwa 30cm lang) und in die vier Zimmerecken gestellt, schützt dich bei Nacht vor unerwünschten Gästen und Energien.

Eine der größten magischen Heilpflanzen Europas ist die hoch in den Bäumen lebende **Mistel**. Sie wird in der Naturheilkunde zur alternativen Krebstherapie und auch zur Steigerung der Immunabwehr des Körpers verwendet. Sie gilt zudem als größte spirituelle Einweihungspflanze Europas. Sich mit ihr zu verbinden öffnet die Tür zu den Göttern. Ihre tatsächliche Mystik zu erforschen erfordert Ausdauer, Disziplin und wissende Lehrer. Eine Mistel auf dem Hausaltar fördert sämtliche magische Tätigkeit und potenziert mit ihrer Präsenz die eigenen spirituellen Kräfte.

Um sie zu ernten verwende ich ein Ritual, bei dem ihr Geist besungen und um Unterstützung gebeten wird. Der Baum und die Mistel erhalten Geschenke, und ich bitte sie dabei von Herzen um Erlaubnis, etwas ernten zu dürfen. Es kann durchaus sein, dass sie mich bei Anfrage woanders hinschickt. Wenn du die Mistel selbst ernten willst, dann achte darauf, sie nicht auf den Boden fallen zu lassen und bei der Ernte ein Keramik- oder Kupfermesser zu verwenden, um ihre magischen Eigenschaften zu erhalten. Die Geister dieser Pflanze mögen kein Eisen oder Stahl. Ich verwende zum rituellen Mistelschneiden ein Keramikmesser und ein großes, weißes Leintuch, um die Pflanzen sicher aufzufangen. Am besten ist für die Ernte ein Vollmondmittag im Dezember, laut Mondkalender ein Kräutertag.

ELF KRAFTTIERE – ELF RITUELLE BEDEUTUNGEN

SICH VON DEN SEELENFÜHRERN LEITEN LASSEN

Tiere begleiten uns seit Jahrtausenden im Alltag. Sie sind Existenzgrundlage vieler Völker der Erde und seit jeher eng mit der Welt der Menschen verbunden. In vielen alten Kulturen besteht noch heute die Überzeugung, dass wir Seelenverwandte der Tiere sind. Für manche schamanische Kultur sind sie Seelenführer und Krafttiere, die sie auf Reisen in die Geistwelt führen und unterstützen. Sie werden dort in Kulten verehrt und mit großem Respekt behandelt. Das geistige Wissen über die Bedeutung der Tiere in Europa wurde lange Zeit verdrängt, ist jedoch von naturnah lebenden Völkern bis in die heutige Zeit getragen worden.

Durch stille Beobachtung und intensive Beschäftigung kann jeder Mensch Wissen über die Fähigkeiten und Eigenschaften der Tiere erlangen. Im hektischen Alltag hilft es uns, gelegentlich innezuhalten und in die Rolle des Beobachters zu schlüpfen, um mehr über eine Begegnung mit einem Tier zu erfahren. Ich werde hier elf einheimische Tiere beschreiben, die mich in Ritualen oft begleiten und mich dabei mit bestimmten Kräften und Symbolen verbinden. Wir leben in der Höhenlage der Hohen Tauern sehr eng mit unseren eigenen, aber auch vielen Wildtieren zusammen. Die Beschreibung der Tiere ist aus Jahren der Beobachtung und direkter Erfahrung entstanden. Mit ihr möchte ich dir helfen, die leisen, feinen Zeichen aus der geistigen Welt besser zu verstehen und Störungen des geistigen Feldes von außen schneller zu erkennen.

DER ADLER – MITTLER DES GÖTTLICHEN

Viele Jahrzehnte war der Adler vom Aussterben bedroht. Zum Glück fand eine Umkehr des Denkens statt und er darf heute nicht mehr bejagt werden. Hier in den Hohen Tauern hat sich der majestätische König der Lüfte schnell wieder verbreitet und ist seither keine Seltenheit mehr. Der Steinadler ist uns ein täglicher Begleiter im Almalltag. Mittags zieht er gern seine Runden über unserer Sennhütte, und entgegen vieler Vorurteile jagt er hier keine Schaflämmer, sondern überwiegend Murmeltiere.

»ADLERMANN,

Siehst du den Adlermann, der den
Himmel erklimmt?
Rotes Abendlicht fällt von ihm herab
wie warmer Regen.
Der Regenbogen ist mein Faden
und der Himmel mein Webstuhl.
Ich werde rote Sonnenuntergänge der
Hoffnung weben.

Sieh die Schneefrau, wie sie den kalten
Winden entsteigt.
Das blaue Licht der Wintersonne füllt
ihre Körbe.
Schneefrau der Wandlung,
du tanzt im Wind mit der Jahreszeit.
An hellen Blitzen der Erkenntnis
und weißen Federn erkennst du ihre
Spur.

Sieh auch die Liebenden,
wie sie die Welten verbinden.
Sie heilen die mit den
gebrochenen Herzen
und die mit lahmen Beinen.

Du, streck deine Arme nach mir aus,
gib mir deine Hände.
Wir schließen mit unserer Liebe die
Kreise der Zeit.

Und du, großer, wachender Geist,
bleib nah bei mir.
Führe die Kraft, wenn sie in mich
kommt,
sie ist entstanden aus der ältesten
aller Religionen,
so einfach und so klar.
Gib all dein Wissen in meine Träume
und leite meinen Geist.

Siehst du den Adlermann, der den
Himmel erklimmt?
Rotes Abendlicht fällt von ihm herab
wie ein Regen.
Der Regenbogen ist mein Faden
und der Himmel mein Webstuhl.
Ich werde euch rote Sonnenuntergänge
der Hoffnung weben.«

(Frei übersetzt von Susanne Krämer nach einem Lied von Buffy Saint Mary, Navajo-Indianer)

Meister Dachs leitet sicher durch die Unterwelt.

Ein Adler hat außer uns Menschen keine natürlichen Feinde. Seine scharfen Augen erkennen jedes Detail auf hunderte Meter. Der Herr des Gebirges ist auch in der spirituellen Welt ein hervorragender Seher. Er verbindet uns mit der Kraft der Sonne und der Götterwelt. Mit seinem Erscheinen steht ein Ritual unter besonderem Segen.

Seine Federn verwende ich gern zum Verteilen von geweihtem Rauch, eine Adlerkralle kann schadende energetische Anhaftungen bei erkrankten Menschen entfernen. Wir fanden einst einen Adler, welcher im Kampf gestorben, auf unserer Weide lag. Sorgfältig wurde er von uns geräuchert, besungen. Wir schätzten dieses besondere Geschenk und haben jedes kleinste Detail seines Körpers für Ritualgegenstände verwendet. Aus den Federn der Schwingen machten wir zwei Räucherfächer, aus den Beinknochen wurden Trommelschlegel und eine Pfeife. Die einzelnen Wirbel haben wir zu Ketten verarbeitet. All diese Gegenstände beherbergen für uns die unbändige Kraft des Königs der Lüfte. Dem Adler persönlich zu begegnen zeigt dir die Verbindung zum göttlichen Selbst an, und du kannst sicher sein, von unbesiegbarer Kraft getragen, geleitet und beschützt zu sein.

DER DACHS – BESCHÜTZER AUS DER DUNKELHEIT

Meister Dachs ist ein heimlicher, scheuer Geselle. Sein grau-schwarzes Fell macht ihn im Dunkeln beinahe unsichtbar, und seine Höhlen haben mehrere Sicherheitsausgänge. Er achtet gut auf sich und sein Umfeld. Als Aasfresser ist er die Polizei des Waldes und hält die Umgebung sauber. Wenn ich im Zwielicht dem Gefährten Dachs begegne, ruft er mich nach unten in die andere Welt, um neues Heilwissen der Bäume und Kräuter zu lernen. Im Dunkeln fühlt er sich wohl, kennt alle Wege und zeigt mir, dass ich im geschützten Raum der Unterwelt mit ihren Wandel- und Regenerationskräften neue Erfahrungen machen darf. Er ist ein umsichtiger Beschützer, wenn er in der Nähe eines Rituals auftaucht, weiß ich, dass mich niemand stören wird.

DIE EIDECHSE – HEILSBRINGERIN

Eine Eidechse scheint im ersten Moment recht unscheinbar, denn sie ist farblich sehr gut an ihre Umgebung angepasst. Sie tarnt sich sogar so gut, dass sie kaum von einem Stein oder Blatt zu unterscheiden ist. Die Eidechsen hier im Hof liegen tagsüber still auf sonnenbeschienenen Mauern, und in kalten Zeiten verkriechen sie sich tief unter der Erde und gehen in monatelange Froststarre. Ihr Körper ist unglaublich widerstandsfähig. Sogar wenn sie von einer unserer Katzen gefangen wurden, wächst ihr Schwanz bald nach und sie regenerieren sich schnell.

Wenn eine Eidechse in einem Ritual auftaucht, kannst du sicher sein, den Segen der Sonne erhalten zu haben und schnell wieder gesund zu werden. Sie zeigt an, dass die Heilrituale wirksam waren, deine eigene Kraft wächst und du Stärke aus dem Reich der Geistwesen empfangen hast. Die Eidechse führt dich zur Heilung, aber auch in die Unterwelt, zu den verdrängten Schattenseiten deines Seins. Ihr Geist taucht mit dir ab, um gerade dort, im dunklen Land der Seele, Licht und Segen zu spenden, damit du erneuert und gestärkt im Licht der Sonne auftauchen kannst.

DER FALKE – BOTE AUS LUFTIGER HÖHE

Ein Turmfalkenpaar lebt seit Jahren nahe unserer Weiden in den Felsen der Alm. Inzwischen sind sie recht zutraulich geworden, und wenn die Seilbahn den Berg hinauf oder hinunter fährt, sitzen die Jungtiere manchmal auf dem Lastkorb und schauen neugierig nach Beute. Sobald aber ein Fremder erscheint, fliegen sie hoch hinauf in Sicherheit.

Für mich symbolisiert der Falke Freiheit und Unabhängigkeit. Er schwingt sich hoch in die Luft und kann die alltäglichen Probleme aus anderer Perspektive betrachten. Ein Falke wacht mit seinen scharfen Augen über sein Revier. Auch in der Geistwelt erkennt er Gefahr schon von Weitem und jagt diese schnell und unerbittlich. Er stürzt aus großer Höhe unverhofft auf schadende Kräfte und vernichtet diese mit seinem scharfen Schnabel. Er ist ein großartiger Beschützer, der kein Pardon kennt und keine Ausrede duldet. Wenn der Falke mich in Zeremonien besucht, ist es immer ein Zeichen dafür, dass ich in einer tiefen Verbindung zur geistigen Welt bin und mich bei der Rückkehr in den Alltag frohe Botschaft erwartet.

▾Die Eidechse ist eine Meisterin der Tarnung.

▾▾Ein Falke symbolisiert für mich Freiheit und Unabhängigkeit.

▲▲ Der schlaudreiste Fuchs ist besser als sein Ruf.

▲ Ungebremste Manneskraft strahlt ein röhrender Hirsch im Herbstwald aus.

DER FUCHS – SCHLAUER GRENZGÄNGER

Er ist der Meister der Tarnung, der verborgene Jäger des Zwielichts. Der Verfolgung durch Jäger entzieht er sich mit Schläue und Intelligenz und hat eine starke Regenerationskraft. Füchse jagen kleine Nagetiere, fressen aber gelegentlich auch Aas. Der Reineke auf unserem Grundstück mag sogar Katzenfutter. Dank eines Elektrozaunes hat er die braven Hennen bisher in Ruhe gelassen, obwohl der Eingang seines Baus nebenan auf der Weide liegt. So leben wir seit Jahren friedlich nebeneinander.

In der Geistwelt freue ich mich über den Fuchs als Führer in der Welt der Schatten. Er ist der trickreiche Grenzgänger zwischen den Welten. Seine Schläue hilft mir, durch Traumata verlorene Seelenanteile wiederzufinden und zu integrieren. Mancher kommt nicht so gut klar mit seinen unberechenbaren und unerwarteten Kniffen. Jedoch ist der Trickser der Geistwelt dem, der ihn zu schätzen weiß, ein treuer und zuverlässiger Gefährte. Wenn er schnell an meinem Ritualplatz vorbeirennt, ist Vorsicht geboten, denn dann könnten unerwünschte Zaungäste nahen.

DER HIRSCH – MÄCHTIGER KÖNIG DES WALDES

Hier in den Bergen sind nicht selten am frühen Morgen über sechzig grasende Rothirsche auf einer Wiese zu beobachten. Auf der Alm sieht man sogar noch mehr von ihnen. Der Herr des Waldes brachte uns mit seinem Röhren zur Herbstzeit schon um manche ruhige Nacht. Er stand von der Liebe verzaubert direkt unter dem Schlafzimmerfenster unseres Hauses, und sein tief dröhnender Bass ließ mich ein-, zweimal unwissend aufspringen und ängstlich meinen Mann wecken. Inzwischen haben Rothirsch und ich uns nicht nur aneinander gewöhnt, sondern leben einträchtig in Frieden miteinander. Etwas oberhalb des Hauses habe ich ihm einen Futterplatz eingerichtet, so dass er bei Bedarf etwas Obst und Getreide naschen kann, und wir auch im Oktober in Ruhe schlafen können.

In vorchristlichen Zeiten war der Hirsch heiliges Symbol der männlichen Gottheit, des »Grünen Manns«. Er war bei den Völkern des Nordens der Beschützer aller Wesen des Waldes, Zeichen der Fruchtbarkeit und Manneskraft und zeigte ihnen durch sein Röhren und Kämpfen königliches Revierverhalten. Natürlich wurde er schon damals wegen seines überaus schmackhaften Fleisches, aber auch der Trophäe wegen gejagt, denn seine Hörner schmückten rituelle Gewänder und seine Zähne die Halsketten der Schamanen. Er verlieh ihnen wichtige geistige Kräfte, welche ihm selbst zu eigen sind. Auch heute noch werden Trachten in Österreich mit Hirschhornknöpfen geschmückt und sein Fell zu Trommeln verarbeitet.

Eine meiner Trommeln ist ebenfalls aus Hirschfell, und ihre Kraft nutze ich immer dann, wenn ich im Ritual männlichen Schutz benötige. Wenn der Herr des Waldes selbst auftaucht, kannst du sicher sein, dass der Segen der wilden Waldwesen mit dir ist und du mit ihrer Unterstützung rechnen kannst.

DIE KATZE – WÄCHTERIN DES ÜBERSINNLICHEN

Katzen leben seit vielen tausend Jahren mit uns Menschen zusammen. Die beliebten Haustiere und geschickten Mäusejäger jagen auf leisen Pfoten bei Tag und Nacht und gelten für manchen Menschen auch als »kratzbürstig« und un-

SCHNURRENDER SEGEN

»In einem tief emotionalen Ahnenritual standen eine Freundin und ich zu Tränen gerührt, als eine große, dreifarbige Katze in den Kreis kam, zum Altar schlich und mit sichtlichem Genuss die dort ausgelegten Gaben nacheinander auffraß. Sie setzte sich schnurrend und blinzelnd mitten in die Blüten auf den Stein und schaute der Freundin von dort aus stumm in die Augen. In dem Moment spürte sie ein feines, inneres Flattern im Bauch. Sie wusste, dass ihre Gaben von den Ahnen angenommen und ihre Gebete erhört wurden.«

Raben sind hervorragende Wächter und Ratgeber.

berechenbar. Wer sie aber versteht, weiß, dass sie viel mehr als das Offensichtliche sind.

Ihr entspanntes Schnurren reduziert nachweislich Stress im Alltag, denn sie sind Meister in der Meditation. Samtpfoten können ebenso wehrhaft sein und nutzen bei drohender Gefahr Krallen und Zähne. Ihre feinen Antennen spüren sogar im Schlaf einen Feind und eine Beute gleichermaßen schnell und exakt.

Katzen sind dir sichere Führer und Wächter in der Welt des Übersinnlichen. Wer sie eine Weile beobachtet, kann viel darüber lernen, wie sich energetische Schwingungen im Umfeld verändern. Ihre feinen Antennen können Dinge wahrnehmen, bevor sie geschehen, ihre Intuition ist sprichwörtlich. Es lohnt sich für jeden Menschen, von ihnen zu lernen. Wenn dir an einem Ort wörtlich »die Haare zu Berge stehen« kannst auch du spüren, dass dort etwas Ungewöhnliches unterwegs ist, und wenn ein »Energieräuber« in der Nähe ist, wird die Katze in ihrer Schläue ziemlich schnell das Weite suchen, oder ihn mit gesträubtem Fell anfauchen.

So darfst du sicher sein, dass, wenn sie entspannt inmitten einer Zeremonie bei dir auftaucht, dort alles in Ordnung ist. Sie darf bei uns sogar in der Mitte des Altars sitzen und die Gaben für die Geister fressen, denn ihre Anwesenheit ist Schutz und Segen zugleich.

DER RABE – CLEVERER RATGEBER

Wusstest du, dass der Kolkrabe nicht nur rauh krächzt, sondern melancholisch singen kann? Als ich diese Laute das erste Mal bewusst vernahm, staunte ich sehr. Der scheue Waldbewohner kommt in vielen Legenden und Fabeln vor, gilt als weise, treu, hochintelligent und wird etwa so alt wie ein Mensch. Bei uns auf dem Grundstück lebt seit drei Jahren ein Rabenpaar. Seitdem sie dort sind, haben wir kein einziges Huhn mehr durch Raubvögel verloren. Sie lieben Kirschen und Nüsse, fressen aber auch Aas oder kleine Nagetiere. Ihre neugierigen Jungtiere wagen sich sogar auf den Balkon, um von den Sonnenblumenkernen aus unserem Futterhaus zu naschen. Wenn ein Greifvogel auftaucht, attackieren sie ihn so lange, bis er außerhalb ihres Reviers geflüchtet ist. Sie wagen sich sogar an den Adler, um ihr Nest zu verteidigen.

Raben sind für mich die Tiere meiner Ahnen, weise Boten und Wächter der sensiblen Bereiche der anderen Welt. Wenn sie mir im Wald begegnen, weiß ich, dass niemand mich stört und die Ahnen über mich wachen. Ihre Anwesenheit während ritueller Übungen spornt dich zum Lernen an, sie künden vom Wissen aus den Zeiten deiner Vorfahren und sagen dir sofort, wenn du vom Herzensweg abgewichen bist. So helfen sie dir bei deiner Orientierung, wenn du eine Verbindung zu ihnen aufbaust, und geben Rat, wenn du einmal nicht mehr weiter weißt.

DIE SCHLANGE – INBEGRIFF DER WANDELKRÄFTE

Von außen betrachtet scheint eine Schlange blind und taub zu sein, doch keineswegs ist dem so. Sie spüren Erschütterungen bereits von weit her und riechen ihre Beutetiere auf lange Entfernungen. Ihre Augen und Ohren sind zwar nicht die besten, aber ihre Tastorgane umso feiner. Schlangengift tötet oder lähmt das Opfer, und wenn sie den Unterkiefer aushängt, können diese im Stück verschlungen werden. Da sie Kaltblüter und somit wechselwarm sind, benötigen sie recht selten Futter, so dass sie lange, kalte Winter ohne Futter in Felsenhöhlen gut überstehen. Wenn eine Schlange wächst, geht sie unter die Erde und streift zwischen den Steinen ihre Haut ab. Dort legt sie auch ihre Eier ab und bewacht sie bis zum Ausschlüpfen der Kleinen.

In den verschiedenen Kulturen haben Schlangen große Bedeutung sowohl in der Heilkunde als auch in der Religion. Sie verbinden durch schlängelnde Aufwärtsbewegung den Himmel mit der Erde und stehen für die genetische Doppelhelix oder DNS. In China sind sie Sinnbilder der Erneuerung und Wiedergeburt und in Indien wird gesagt, sie können über 500 verschiedene Krankheiten heilen.

Für mich verkörpert die Schlange die Kräfte der Fruchtbarkeit, der Heilung und der Regeneration. Mein kleiner Schlangenaltar befindet sich an einem kleinen Bachlauf unterhalb der

Die Schlange hilft in Zeiten der Veränderung und mobilisiert eigene Heilkräfte.

Quelle hinterm Haus. Regelmäßig ehre ich dort die Wesen, welche uns Fruchtbarkeit in Form von hervorsprudelndem Wasser schenken. Ich rufe sie zu Heilzeremonien, aber auch zur Unterstützung der großen Veränderungen im Leben. Ihr Gift verwende ich homöopathisch bei der Behandlung von erhöhtem Blutdruck oder Vergiftungen. Wenn eine Schlange deinen Weg kreuzt, wirken Wandelkräfte. Sie wird dir zeigen, dass sich alles, was noch unter der Erde schlummert, bald in neuem Licht zeigt. Alte Verhaltensmuster dürfen nun betrachtet und aufgelöst werden. Bei einem Ritual unterstützt sie die Selbstheilung und stärkt dich für neue Aufgaben.

DER SCHWAN – ANMUTIGER IDEENGEBER

Ein Schwan verkörpert Anmut und Kreativität.

Der Anblick eines Schwans auf dem Wasser ist für mich der Inbegriff von Schönheit. Die bis zu zwei Meter Spannweite messenden Flügel tragen ihn elegant über die Oberfläche zu neuen Futterstellen. Schwäne leben gern an flachen Teichen und Seen und ernähren sich vorwiegend von Wasserpflanzen, die sie mit dem langen Hals gründeln. In meiner Heimat, der Mecklenburger Seenplatte, finden sich unzählige Schwäne, die mir mit klagenden Rufen manchen Abend verschönerten.

Als ich vor einigen Jahren nahe dem Örtchen Barth mit der Jurte in einem Schlosspark mit vielen Fischteichen wohnte, zog in die unmittelbare Nachbarschaft, etwa zehn Meter entfernt, ein Schwanenpaar ein und baute sich ein Nest im Schilf des Flüsschens Barthe. Sie akzeptierten ohne Weiteres meine Anwesenheit samt allem menschlichen Lärm und Trommelklang und brüteten fünf wunderschöne Junge aus. Ich brachte ihnen ab und zu Leckereien mit, und war tief berührt von ihrer Nähe. Dann im August, als die Mauser der schönen Tiere begann, lag eines Morgens, wie ein Geschenk, ein großer Berg schneeweißer Federn vor meiner

Jurte. Vor Freude weinte ich und bedankte mich mit einem Ritual und Gesang bei ihnen. In den kühlen Bergseen Kärntens sind Schwäne eher selten zu finden, denn diese Art von Seen bieten mit ihrem tiefen, klaren Wasser wenig Nahrung für den König des Wassers.

Schwanenpaare können nur durch den Tod getrennt werden. Für mich sind sie Sinnbild von Treue und Loyalität. Wenn mir während meiner spirituellen Arbeit ein Schwan begegnet, so kündigt er mir eine kreative Phase im Leben an. Er war schon bei den alten Kelten der Vogel der Künstler und Sänger. Er inspiriert mit seiner Anwesenheit Dichter und Barden, gilt aber auch als der Bote des Gevatter Tod, denn laut Überlieferung singt ein Schwan nur dann, wenn er bald stirbt.

Die fröhlichen Sprünge eines Zickleins zeigen, dass das Leben pure Freude sein kann.

DIE ZIEGE – LEBENSFREUDE UND WIDERSTANDSKRAFT

Ziegen zogen bereits vor 10.000 Jahren mit Nomaden in vielen Teilen der Welt durch die Steppen. Sie sind genügsam, eigenwillig, meist freundlich und liebevolle Mütter. Ihre Milch ist nahrhaft und hat durch den hohen Gehalt an Immunstoffen heilende Eigenschaften bei Abwehrschwäche und in der Rekonvaleszenz. Meine Kinder wuchsen nach dem Stillen mit frisch gemolkener Ziegenmilch auf und lieben sie noch heute. Wenn eine Ziege unzufrieden ist, und nur dann, kann sie nervtötend meckern. So zeigt sie mir genau, ob das Futter auf ihrer Weide ausreichend nahrhaft und ob das Wasser frisch und sauber ist.

Ziegen haben ein instinktives Wissen, welche Kräuter ihnen guttun. Sie zeigen mir mit lustigen Bocksprüngen, dass das Leben nicht nur aus Pflichterfüllung und Last, sondern vor allem aus Lust und Freude besteht. Sie sind mir durch ihre vollen Euter Sinnbild für Reichtum und Fülle der Natur. Ihre Eigensinnigkeit und ihre starken Hörner helfen dir, den Widrigkeiten des Lebens zu trotzen und sich mit ursprünglicher Lebenskraft zu verbinden. Ein Ziegenfell ist außerdem ideal, um eine Trommel zu bauen, denn selbst bei feuchter Luft klingt sie kraftvoll und melodisch.

Starke Naturrituale für die heutige Zeit

Schamanische Rituale stärken die eigene Verbindung zur Natur und all ihren Erscheinungsformen. Sie geben eine Ahnung von der tatsächlichen Schönheit des Lebens, führen zu mehr Kreativität und Freiheit. Ritualhandlungen helfen, dem Alltag aktiv eine Struktur zu geben, ohne dogmatisch darauf zu beharren. Ich selbst sehe meine Rituale wie ein duftendes Gewürz, und gebe mit ihnen je eine feine Prise Schönheit, Zufriedenheit und Liebe in mein Leben. Zu dieser Prise möchte ich auch dich inspirieren.

EIN NEUES, KLARES BEWUSSTSEIN AUFBAUEN

GESTALTE UND ERLEBE SCHAMANISCHE RITUALE

Tief im Wald bin ich mit allem verbunden, und pure Naturkraft fließt durch mich hindurch.

Schamanische Rituale sind Gesänge der Seele, die uns Menschen wieder mit dem Rhythmus der Natur und den dahinter wirkenden Kräften vereinen. Ein Ritual ist gelebter Ausdruck der aus der Tiefe des Herzens kommenden Liebe zu allem, was ist. Ein Mensch, der die Natur auf spirituelle Weise wahrnimmt, ehrt mit seinem Sein die Kräfte, die hinter den Kulissen weben. Er bekommt ein neues Bewusstsein im Umgang mit allem, was ihn umgibt.

Diese ganzheitliche Weltsicht hinterfragt bisher erlernte Einstellungen und wirkt aus dem Inneren grundlegend verändernd. Mein persönlicher Beitrag zu Veränderungen in der Welt ist es, Erfahrungen zu vermitteln, die zum Nachspüren, Nachdenken und Nachmachen anregen und so den achtsamen Umgang mit der Natur und ihren weisen Wesen fördern.

Aus meinem Blickwinkel ist jeder Aspekt der Natur beseelt: Ein Stein ist beispielsweise ein geschätztes Mitglied einer Steinfamilie, die seit Jahrmillionen die Erde bevölkert. Auch ein Baum trägt die tiefe Weisheit seines langen Lebens in Wurzeln, Rinde und Ästen, die ich durch geduldiges Fühlen und Lauschen begreifen kann.

Jedes Tier, jede Naturerscheinung hat eine Aufgabe in der Natur und eine Entsprechung in einem Aspekt des menschlichen Geistes. Ein Felsen spricht von Standhaftigkeit und Festigkeit, das Strömen eines Flusses zeigt mir, wie mein Leben in Hingabe fließen kann. Wogegen ein Fels mir sagt, dass ein fester Standpunkt ebenso seinen Stellenwert in meinem Leben hat. Der Wolf demonstriert den familiären Zusammenhalt, den Clan. Tiere und ihr Verhalten haben oft Entsprechungen im Unterbewusstsein. Eine Wettererscheinung kann Gefühle sowohl auslösen als auch verstärken. Pflanzen erzählen von

Fruchtbarkeit, Heilung und den Lebenszyklen. Ein alter Baum erzählt mir Geschichten vom Wachstum, den Jahreszeiten, aber auch von meiner Abstammung – wie etwa ein Familienstammbaum.

Naturrituale gehören genauso zu meinem Alltag wie essen und trinken. Am Morgen begrüße ich die Sonne und den kleinen Bach hinter meinem Haus mit Gesang, Räucherwerk und einer hübschen Blüte, und abends sage ich von Herzen Dank für alles, was im Laufe des Tages geschehen ist. Dies schenkt mir tiefen Seelenfrieden und bereitet mir kindliche Freude. Die Verbindung mit den Wesen der Natur ist nicht nur ein wichtiges Werkzeug in meiner spirituellen Praxis, sie ist auch Teil meines persönlichen Weges, das aus den Fugen geratene feinstoffliche Gleichgewicht meiner Umwelt wiederherzustellen. Die folgenden Anleitungen für kleine und größere Rituale sind jahrelang erprobt, und ich gebe sie von Herzen weiter.

DEINEN RAUM DER KRAFT EINNEHMEN

Kraft ist überall in der Natur zu finden. Ich spüre sie beim Betrachten einer besonderen Landschaft, eines Flusses, Baums oder Felsens, fühle sie im nahenden Sturm und in den wärmenden Strahlen der Sonne. Rituale verbinden dich mit den Kräften eines Platzes, sie sind Tankstellen für die menschliche Seele. Wie ein Kabel verbindet sich deine Seele mit den Wesen in der Natur, und ein reger Austausch beginnt. Durch wiederkehrende Handlungen verstärkst du dieses Kraftfeld, welches sich dadurch immer stärker in der Umgebung verwurzelt und sich jedes Mal wie ein Akku neu auflädt.

Für den Anfang empfehle ich diesen Ablauf, der sich in jahrelanger Praxis bewährt hat. Die Basisübung ist für andere Rituale eine gute Grundlage. Je öfter du sie anwendest, desto schneller geht sie in Selbstverständlichkeit über. Je öfter du den Kreis nutzt, desto stärker baut sich deine eigene Präsenz und die Kraft der Ortsgeister darin auf. Mitgebrachte Gegenstände können mit Kraft geladen oder gereinigt werden. Auch wenn du dich einmal schwach oder krank fühlst, wirst du spüren, wie gut dir dieser Platz tut.

Rituelle »Werkzeuge« enthalten einen eigenen Geist. Darum stelle ich sie selbst her.

BASISAUSRÜSTUNG

Diese Utensilien passen in einen Rucksack und sind für fast alle beschriebenen Rituale sinnvoll:

- eine wasserfeste und warme Sitzunterlage – für mich tut es ein selbstgemachtes Filzkissen
- eine kleine, feuerfeste Schale (eine kleine Keramikschale mit Sand erfüllt den Zweck)
- eine schöne Feder
- Räucherkohle
- getrocknete Kräuter: Wacholder, Salbei, Beifuß, Mädesüß (du kannst ausprobieren, welche Wirkung die Kräuter auf dich haben), Baumharz von Fichte, Lärche, Zirbelkiefer oder Kirsche
- eine Kerze/ein Teelicht
- Ein Paket Salz/weißes Mehl
- Gaben für die Geister: Getreide, etwas Wasser/Wein, ein rohes Ei, Obst, Blüten, Brot, Wasser – gehe dabei deiner Intuition nach
- eine Rassel, Trommel, Maultrommel oder Schilfraschel zum Musizieren

DER HEILIGE KREIS

Suche dir einen ebenen Platz in der Natur: an einem Bach, Baum, Stein, dort, wo es für dich stimmt. Lasse dir dabei ruhig Zeit, achte auf dein Gefühl und die Zeichen: in der Nähe erscheinende Tiere, Bewegungen in der Umgebung, wie z.B. ein Windstoß, plötzlicher Regen oder auf den Platz strahlendes Sonnenlicht. Fühlen sie sich einladend an? Leere deinen Kopf mit Hilfe der gelernten Atemtechniken von Alltagsgedanken. Setze dich auf den Boden, schließe die Augen und fühle die Kräfte. Sind sie für dich stimmig?

Räuchere den Platz mit Wacholder, Beifuß oder Salbei auf Holzkohle. Gehe dabei einmal im Uhrzeigersinn spiralförmig von außen nach innen und wieder zurück. Räuchere dich nun selbst von unten nach oben beidseitig mit den Kräutern ab. Jetzt schließe den Platz energetisch ab, damit keine störenden Felder von außen eindringen können, streue dazu mit Salz einen Kreis, der den Platz umschließt, mit gedanklicher Konzentration auf »Schutz«. Setze dich jetzt in die Mitte deines Kreises und stärke das Energiefeld mit eigenen Worten. Anfangs kannst du den folgenden Spruch nutzen, er stammt von der Gruppe um meine Lehrerin Nana Nauwald: »Die, die dunkle Schatten werfen, mögen unsere eignen Schatten nicht erkennen in der Sonne. Wagen nicht hindurch zu schreiten. Schützen soll mich eine Mauer, starke, lichte Silberwand.«

Begrüße die Kräfte des Ortes mit eigenen Worten, etwa so: »Ich grüße die hilfreichen, heilsamen Kräfte dieses Platzes, mögen sie mir freundlich und lehrreich beiseite stehen. Danke«. Gebe in die Mitte des Kreises von Herzen, was du mitgebracht hast, und sprich dazu eigene Worte, etwa so: »Kräfte des Platzes, ich schenke euch von Herzen diese Gaben, um euch zu ehren und zu nähren.« Setze dich eine Weile still in den Kreis, schließe die Augen, atme und lausche. Du kannst jetzt eine Absicht äußern, eine Frage oder Bitte an die Kräfte richten. Die Antwort wird sich in dir vernehmbar machen. Vertraue dabei deinem ersten Impuls.

Wenn du spürst, dass es genug ist, dann bedanke dich bei den Kräften des Platzes mit einfachen Worten, etwa so: »Ihr anwesenden Kräfte, Danke für eure Unterstützung und Lehre, ich entlasse euch – in Dankbarkeit.« Nun öffne den Kreis, indem du stampfst, klopfst und deinen Körper schüttelst. Kehre mit einem bewussten Schritt in die Welt des Alltags zurück. Verlasse den Platz so, wie du ihn vorgefunden hast und hinterlasse nichts außer essbaren Gaben.

DIE FÜNF ELEMENTE DER KRAFT

Auf den ersten Blick sind vier Elemente wahrnehmbar: Menschen, Tiere und Pflanzen leben auf der Erde, die für Fruchtbarkeit und Wachstum steht. Ihre andere, zerstörerische Kraft findest du in einem Erdbeben oder Vulkanausbruch. Uns umgibt Luft: Der Wind kann streicheln, aber auch als Wirbelsturm oder Orkan toben. Die Sonne erhellt den Tag, ihr Feuer gibt Licht und Wärme und lässt Pflanzen und Tiere wachsen. Sie kann das Land aber auch zur Wüste

KREISLAUF DES LEBENS

»Ich gehe und gehe,
weite die Kreise,
gehe zum Ursprung und Ziel,
ich gehe die Pfade der großen Spirale
und singe das uralte Lied.«
(Iria Schärer, deutsche Sängerin)

MENSCHLICHE HARMONIE

Ich erzähle oft: »Ein Menschenleben ist wie ein Gefährt, die Kutsche ist der Körper, der Kutscher ist der Verstand, die Pferde sind die Gefühle – und der Insasse ist die Seele mit dem Ich. Drum herum wirkt die geistige Welt.
Wohin die Reise geht, entscheiden weder Pferde noch Kutscher, dafür ist der Insasse – die Seele – zuständig. Jeder hat seine Aufgabe: Verliere ich den Verstand, landet mein Leben im Abgrund. Gehen die Pferde durch oder lahmt eines, entsteht Chaos. Ist ein Rad kaputt oder die Achse gebrochen, steht das Gefährt still. Verliere ich das Ziel aus den Augen, geht's in die falsche Richtung. Ich fahre vielleicht gegen einen Baum oder in eine Sackgasse. So habe ich gelernt, zuerst der Seele zu lauschen, was mein Weg ist. Ich bitte dabei die geistigen Kräfte um Unterstützung und gebe auch selbst gut auf alle »Beteiligten« Acht, damit ich am Ende an mein Ziel komme.« Entscheidend für mein erfülltes Leben ist, dem »Gefährt« Mensch – dem Ich – Balance und Harmonie zu geben.

verbrennen. Wasser schenkt Leben, Kühle, es höhlt Steine. Sturmflut oder Hochwasser kann Land und Städte überfluten. Und dann ist da noch der Geist (oder Äther). Ohne den Geist wüssten Menschen nicht einmal, dass sie existieren. Er wohnt in der Stille – der Leere. Diese Leere ist Voraussetzung dafür, dass etwas Neues entstehen kann. Auch der Geist kann zerstören, wenn er nicht ausbalanciert ist oder orientierungslos in seiner Welt lebt – was Geisteskrankheit beweist.

Jedes der Elemente enthält ein lebendiges Wesen, mit dem ich mich verbinden kann, um die entsprechende Kraft in mir zu stärken. Einen harmonischen Menschen aus dem Gleichgewicht zu bringen ist schwer, weil er durch die Kraft der Elemente in fünf Richtungen verbunden ist. Um dieses innere Gleichgewicht herzustellen und meine Kräfte bewusst zu balancieren, verbinde ich mich regelmäßig mit den fünf Elementen. Jedes von ihnen ist auch in verschiedenen Formen auf meinen zahlreichen Altären zu finden. Zu jedem entstanden über die Jahre Rituale, die Freude machen und die Kräfte in den Alltag einbeziehen.

Finde einen ebenen, ruhigen Platz, wenn möglich in der Nähe eines Baches oder Baumes. Frage, ob er dich willkommen heißt. Stelle die Himmelsrichtung mit Hilfe eines Kompasses fest. Reinige den Platz mit Räucherwerk und streue mit Salz einen Schutzkreis. Geh dabei gegen den Uhrzeigersinn und sprich den Schutzspruch (s. Seite 43). Geh in den Zustand erweiterter Wahrnehmung (s. Atemübung Seite 14). Setze dich in die Mitte des Kreises und verbinde dich der Reihe nach mit den Steinen, indem du sie in die linke Hand nimmst und dabei in die Steine hineinatmest.

Stein eins – **Erde** – legst du nach Westen: Gib Erde und Getreide auf den Stein, befeuchte deine Handinnenfläche mit etwas Speichel und lege die Hand darauf. Unterstütze dein Anliegen mit Worten, etwa so: »Kräfte der Erde, ihr haltet mich seit ich geboren bin, gebt mir Wurzeln, damit ich stabil bin. Ihr lasst meinen Körper stark sein und meinen Garten wachsen. Ich danke euch. Lasst meine Kräfte sich mit euren vereinen, und lasst sie wie Samen aufgehen und wachsen.«

Lasse in deiner Vorstellung die Getreidekörner unter deiner Hand grünen und sprießen. Fühle das Leben darin, spüre durch sie den Stein und die Erde unter ihm. Nimm über das Spüren in der Hand bewusst die Kraft in dich auf. Bedanke dich nun bei dem Stein.

Stein zwei – **Luft** – legst du nach Norden: Entzünde Räucherwerk auf dem Stein, befeuchte die Innenfläche deiner Hand und halte die geöffnete linke Hand über den Rauch. Spüre den Rauch in der Handfläche und nimm seinen Geruch wahr. Stelle dir vor, dass der Rauch durch die Poren der Haut in den

SICH MIT ERDE, LUFT, WASSER, FEUER UND DEM GEIST VERBINDEN

Um die fünf Kräfte der jeweiligen Elemente besser kennenzulernen, hilft das folgende Ritual.
Du benötigst:

- die Basisausrüstung (S. 42)
- fünf etwa faustgroße Steine; du kannst sie auch farblich gestalten, jeder Stein für ein Element stehend
- eine Tüte Salz
- etwas Getreide
- Erde
- Wasser
- eine Kerze
- Räucherwerk

Nimm über das spürige Tasten die Kraft in dich auf.

Körper eindringt. Sprich etwa so: »Kräfte des Nordens und der Luft, ihr verbindet mich mit der Kraft des Wissens, ihr gebt meinen Gedanken Flügel, lasst Ideen und Inspiration wachsen. Behütet mich und schenkt mir eure Kraft. Ich danke euch.«

Stein drei – **Wasser** – legst du nach Osten: Fülle das Schälchen mit dem Wasser und stelle es auf den Stein. Lege die Innenfläche deiner linken Hand auf das Wasser und gehe in Kontakt. Fühle die Kühle und Weichheit des Wassers und sprich: »Kräfte des Ostens und des Wassers, ihr lasst Leben in mich fließen, seit ich lebe. Ihr erweckt meine Gefühle. Gebt mir die Klarheit und Kraft der Emotionen. Lasst mich aus ihnen schöpfen und weckt die Kreativität in mir. Ich danke euch.« Trinke nun einen kleinen Schluck des Wassers, um bewusst die Kraft in dich aufzunehmen.

Stein vier – **Feuer** – legst du nach Süden: Entzünde die Kerze und stelle sie auf den Stein im Süden. Befeuchte sie mit Speichel und gehe mit deiner linken Handfläche so nah, wie es noch angenehm ist, an die Flamme heran. Nimm die Wärme und das Licht wahr, leite sie mit dem Atem bewusst durch deinen ganzen Körper. Fühle sie bis in die Zehenspitzen. Sprich etwa so: »Kräfte des Südens und des Feuers, ihr wärmt mich und leuchtet mir, seit ich geboren bin. Ihr gebt mir die Energie auch in dunklen Zeiten Freude zu empfinden. Ihr seid pure Kraft, erweckt nun eure Kraft auch in mir. Ich danke euch.« Visualisiere dabei, dass die Flammen dich von innen erhellen und wärmen.

Stein fünf – **Geist** (Leere) – legst du in die Mitte: Setze dich mit geschlossenen Augen vor den Stein. Atme und lausche in die Stille. Lasse jeden aufkommenden Gedanken wie eine Wasserperle an dir ablaufen. Konzentriere dich ausschließlich auf deinen Atem, atme tief in den Bauch, lasse die Luft ruhig strömen. Beginne mit dem tiefsten Ton, den du stimmlich erreichen kannst, ein »Aaaaa« zu tönen, lasse es im langen Ausatmen ertönen, so lange du kannst. Fühle den Ton tief im Bauch. Halte diesen Zustand, so lange er für dich gut ist.

Spüre noch ein wenig nach. Dann bedanke dich bei der Leere für alles, was du erfahren hast. Verabschiede die Kräfte aus allen Elementen und Richtungen mit eigenen Worten und löse den Schutzkreis auf. Dies ist ein Basisritual, welches du nach etwas Erfahrung erweitern und ausbauen kannst. Wiederhole das Ritual, um von den Kräften das Lauschen zu lernen, und auch dann, wenn du fühlst, dass du sie brauchst.

EIN ALTAR FÜRS HEIM

Ein Hausaltar kann der spirituelle Kraftplatz in einer Familie sein. Darum steht er möglichst im Zentrum eines Raums. Er ist Sitz der Stille und des göttlichen Funkens, der Inspiration einer Familie und bringt Ausgleich in die heutige »Schneller-weiter-besser-Welt«. In Österreich gibt es den traditionell blumengeschmückten »Herrgottswinkel« mit Kerzen, Marien- und Jesus-Skulpturen, der diesen Zweck erfüllt. Bei den Hindus und Buddhisten wohnen Hausgeister und Götter in den bunten Figuren eines bemalten Schreins. Ein Hausaltar ist vollkommen religionsunabhängig.

Mein Hausaltar ist ein selbst erschaffener Ort der Kraft und Stille.

Er bildet auch den Mittelpunkt meines Hauses. Auf ihm wohnen ein Schutzgeist, die Kräfte meiner Ahnen und viele Symbole meiner persönlichen Kraft und der Jahreszeiten. Für mich gehören Tiersymbole, Blumen und Steine, manchmal auch besonders geformte Holzstücke dazu. Ein Foto der Großmütter, ein gemaltes Bild und eine kleine Skulptur, Kerzen und Räucherwerk runden ihn ab.

Die Größe des Altars kann von einem Schemel oder Wandbrett bis zu einer großen Anrichte variieren, je nach Platz und Geschmack. Bereits die Gestaltung bringt deine Kreativität zum Ausdruck. Wähle dabei die Symbole und Figuren mit Bedacht, und informiere dich gut über ihre Bedeutung. Erfrage, woher sie kommen und wer sie hergestellt hat. Vor allem Gegenstände aus Esoterikläden würde ich gut prüfen, bevor ich sie verwende. Nicht alles, was schön aussieht hat auch die passende Ausstrahlung. Meine Dinge teste ich, indem ich sie ertaste, an ihnen rieche, sie ansehe usw. Spüre in dich, ob du bei Symbolen anderer Kulturen ein gutes Bauchgefühl hast.

Idealerweise fertigst du dein Altarzubehör und deine Ritualgegenstände selbst oder mit Hilfe einer Person deines Vertrauens. Das mag zwar mit höheren Kosten verbunden sein, aber ein Altar ist auch kein Wettbewerb, er muss nicht wie ein Instantprodukt sofort fertig sein, sondern darf in natürlichem Tempo langsam wachsen.

Wenn du den Altar gestaltet hast, kommt der wichtigste Teil: Belebe, reinige und weihe alle Gegenstände deiner Absicht, indem du sie besprichst, beatmest, besingst und bewusst mit deinem Geist erfüllst. Um den Altar stetig zu pflegen, kannst du die Reinigung und Weihe an besonderen Tagen wiederholen und je nach Jahreszeit Blüten, Früchte und andere Gaben darauf geben. Falls du das Gefühl hast, dass der Platz seine Kraft verliert, dann schenke ihm deine Aufmerksamkeit in Form eines Rituals. So wird seine Wirkung wieder verstärkt. Du wirst selbst erleben: Dein Hausaltar harmonisiert die gesamte Wohnung und deren Umgebung. Er schenkt dir neben viel Freude auch Harmonie, Frieden und Ruhe.

DAS EIGENE UMFELD REINIGEN

Hast du das Gefühl, dass in deinem Haus »dicke Luft« ist? War gerade Besuch dort, der dich angestrengt hat? Fremde Präsenz kann recht nervig sein und einen Raum »verschmutzen« – etwa so wie schlammverspritzte Schuhe. Ist dein Arbeitsplatz unharmonisch? Gibt es immer wieder Streit? Dann ist es an der Zeit, willentlich die Energie zu verändern. Es ist Zeit für eine spirituelle Reinigung.

Mache die Atemübung zur erweiterten Wahrnehmung, um dich aus dem Denken zu bringen und vorzubereiten. Verbinde deinen Atem mit der Kraft der Erde unter dir. Atme Kraft in deinen Körper, singe, fühle sie in dich strömen. Sei die Erde. Bündele deine Kraft in der Absicht der Reinigung. Sprich nichts, außer, wenn du deine Absicht kundtust.

Entzünde Kohle und Räucherwerk. Gehe zur Mitte des Raumes und von dort spiralförmig nach außen den Platz ab, entgegen des Uhrzeigersinns. Wedele den Rauch von innen nach außen. Trete laut auf den Boden, sprich oder singe, äußere deine Absicht laut, etwa so: »Mein Rauch vertreibe, was hier stört. Jetzt. Hier ist kein Platz für Störenfriede. Herein kommt nur, wen ich selbst geladen.« Dabei darfst – besser sollst! – du zutiefst emotional sein. Gib

STÖRENDE ENERGIEN AUSRÄUCHERN

Die dicke Luft wird im Rauch der Kräuter buchstäblich eingesammelt und entsorgt. Hinterher rasselst, wedelst und lüftest du den Raum kräftig aus. Für eine Reinigung benötigst du:

- etwas Räucherwerk (Beifuß oder Wacholdernadeln)
- Räucherkohle
- eine Feder, um den Rauch zu verteilen
- eine Rassel
- Trommel oder Schilfraschel
- etwas Schnaps oder Quellwasser

dein Gefühl bewusst in jedes der Worte und in dein Tun. Emotionen erfüllen eine Handlung mit Kraft, ohne sie sind deine Worte leer.

Wenn du fühlst, dass der Raum ruhiger wird, nimmst du das Wasser oder den Schnaps und bläst deinen Atem hinein. Dabei rufst du Harmonie, Liebe und Frieden in dich selbst. Geh dann nochmals spiralförmig den Raum ab. Diesmal von außen nach innen im Uhrzeigersinn. Dabei sprühst du das Wasser oder den Schnaps nach innen, mit den Worten: »Mögen alle hier in Frieden und Harmonie leben. Meine Kraft und Liebe erfüllen diesen Raum. Frieden und Harmonie erfüllen diesen Raum.« Stelle dir dabei vor, wie du den Raum mit deinem Geist füllst. Lüfte zum Schluss gut durch. Die Reinigung kannst du wiederholen, sooft es notwendig ist.

SICH MIT DEN AHNEN VERBINDEN

Ahnenrituale werden seit Menschengedenken gefeiert. In der westlichen Kultur sind sie beinahe in Vergessenheit geraten. Dabei haben uns unsere Vorfahren über viele Jahrtausende viel Weisheit mitgegeben. Das Wissen der Menschheit liegt tief in uns und wird sichtbar in vielen Informationen der Genetik. Ahnenrituale verbinden sowohl mit den irdischen als auch den geistigen Wurzeln. Sie sind die lebende Verbindung zur Ur-Mutter, der Erde. Indem du dich bewusst mit deiner Ahnenlinie verbindest, steigerst du die eigenen Kräfte. Mit tiefen irdischen Wurzeln hältst du auch dem stärksten Sturm stand.

Im Menschen findet sich ein weites Netz roter Fäden, das Blut. Darin ist weitaus mehr enthalten, als Wissenschaftler bisher erkannten. Die DNS, unser genetischer Code, enthält alle grob- und feinstofflichen Informationen von Jahrtausenden: Aussehen, Charaktereigenschaften, Erinnerungen, Instinkte, praktische Erfahrungen, intellektuelles Können und spirituelle Weisheit. Alles, was unsere Vorfahren erarbeitet haben, liegt in uns. Dies kannst du auf herkömmliche Weise natürlich nicht wahrnehmen. Jedoch kannst du dich auf eine schamanische Reise begeben und die Informationen nach und nach willentlich abrufen. Natürlich wird dies nicht im ersten Ahnenritual geschehen. Jede Reise beginnt jedoch mit dem ersten Schritt.

DIE STÄRKE DER EIGENEN WURZELN SPÜREN

Die Pyramide habe ich im Laufe der letzten Jahre selbst entwickelt. Sie macht sicht- und fühlbar, wie weit die Wurzeln einer Familie reichen und verbindet über die Steine spürbar mit den Vorfahren. In jeder Familie gibt es Licht und Schatten, beides ist wichtig und beides lehrreich. Ob du willst oder nicht: Du bist mit ihnen verbunden. Das Ritual macht deine Verbindungen für dich erlebbar. Versuche dabei nicht zu bewerten. Konzentriere dich währenddessen auf hilf- und lehrreiche Informationen und deine tatsächlichen Gefühle. Jedes Gefühl hat gerade hier seine Berechtigung. Die Freude neben der Trauer, Enthusiasmus neben Wut und Ärger. Es ist, wie es ist. Genau das macht Menschen aus. Nimm dir reichlich Zeit für dieses Ritual. Schau in dich, ob du bereit bist, diese tiefgehende Erfahrung zu machen. Solltest du schwere familiäre Traumata erlitten haben, bitte ich dich, ein so emotionales Ritual nicht allein durchzuführen, sondern dich von einem erfahrenen Menschen deines Vertrauens begleiten zu lassen.

Führe dein Ritual idealerweise morgens durch, draußen in der Natur. An einer Baumwurzel ist die Verbindung stark. Ein See oder Bach in der Nähe ist auch geeignet, da Wasser Informationen genauso speichert wie Blut. Schließe

DIE AHNENPYRAMIDE

Für die Vorbereitung brauchst du:

- 30-60 handtellergroße, flache Steine
- 2 kg weißes Mehl
- eine kleine Flasche frisches Wasser / Schnaps
- Getreide
- Blumen
- Früchte und grüne Zweige
- etwa 50 Teelichter
- eine kleine Feuerschale und Brennmaterial
- etwas in Wachs getränkte Holzwolle

den Schutzkreis, bevor du beginnst. Sprich nicht, es sei denn, du betest. So gehst du tief in die Konzentration.

DIE FAMILIE EHREN

Besprich, ertaste, behauche, besinge alle Steine, bevor du sie zur einer Pyramide aufschichtest. Die erste Schicht liegt direkt auf der Erde. Sie steht für die 9. Generation vor dir, dann folgen die 8., 7., 6. Generation und so weiter ... Der oberste Stein symbolisiert dann dich selbst. Die Pyramide sieht zum Schluss etwa so aus wie auf dem Foto. Sage deinen Ahnen, dass du dies tust, um sie zu ehren und dich an eure Verbindung und ihr Wissen zu erinnern.

Bestreue alle Steine mit Mehl, stelle ein Teelicht – symbolisch für die lichtvolle Seite eurer Verbindung – auf jeden herausragenden Stein. Versprühe etwas Schnaps und gib Blüten, Getreide und Früchte auf die Steine. Es darf gern hübsch aussehen, wichtiger aber ist, dass es sich für dich richtig anfühlt. Entzünde jetzt das Feuer in der Schale und lade deine Vorfahren ein, sich mit dir gemeinsam daran zu erfreuen. Stelle dir dabei vor, wie deine Eltern, Großeltern und Ururgroßeltern freudig zum Ritual kommen, dich dort sitzen sehen und dein Tun mit Wohlwollen betrachten.

Beginne zu singen, zu tönen, trommle, rassle und rufe, benutze eigene Worte, singe Melodien, die dir gerade einfallen. Zeige, dass du tatsächlich anwesend bist, schenke ihnen echte Gefühle und ungeteilte Aufmerksamkeit. Stelle auch Fragen, rede, als wären die Ahnen körperlich anwesend.

Hast du ein aktuelles Anliegen? Dann trage es jetzt vor und bitte dabei um Rat und Unterstützung. Wenn du genug hast bedankst du dich bei deinen Vorfahren, beim Baum und den Schutzgeistern des Platzes. Verabschiede sie und lasse die Gaben und Steine ruhig dort liegen. Du kannst den Platz immer wieder nutzen und das Ritual sooft wiederholen, wie es für dich gut ist. Ein Platz speichert die Erlebnisse in seiner ätherischen Schicht und gewinnt immer mehr an Kraft, je öfter du dort bist.

DIE HOHE ZEIT DER LIEBE

Noch weit nach Beginn des Christentums gab es in der einfachen Bevölkerung das sogenannte »Handfasting«. Wörtlich übersetzt bedeutet es so viel wie »zusammengebundene Hände«. Es entspricht dem heute geläufigen »Band der Ehe«, durch das ein junges Paar miteinander und mit der geistigen Welt des von ihnen bewohnten Hauses verbunden wurde. Der Priester oder Schamane rief die Kräfte der hiesigen und geistigen Welt zu Zeugen und Hütern des Eheversprechens. Sie sorgten für Frieden, Harmonie, Fruchtbarkeit und gesichertes Einkommen in der Familie.

In den Kärntener Bergen werden auch heute noch Traditionen gepflegt, die einer Hochzeit diesen schönen Rahmen verleihen. Nicht jedem Paar scheint es heute stimmig, in christlichem Kontext zu heiraten, und so greifen Familien immer öfter auf alternative Zeremonien zurück. Auch hier in Österreich durfte ich bereits einige Paare an ihrem Glückstag begleiten. Ich empfinde beim Anblick der freudestrahlenden Gesichter noch heute große Dankbarkeit.

Eine Heirat ist eine persönliche und sehr individuelle Angelegenheit. Darum gebe ich dir hier gerne Anregungen, wie du dieses Ritual deinem persönlichen Gefühl entsprechend gestalten kannst.

Das Paar vereinigt sich nicht nur miteinander, sondern auch mit der geistigen Welt des Ortes.

HOCHZEITSZEREMONIE

Für das Ritual benötigt das Brautpaar:

- festliche Kleidung
- zwei Blumenkränze als Kopfschmuck
- zwei Halsketten aus Blüten / Gras
- zwei Ringe aus Weide / Hasel
- einen Brautstrauß
- für die Braut ein Säckchen mit neuer Kleidung und einen Korb mit verschiedenen Früchten (symbolisch für Fülle, Geborgenheit und Fruchtbarkeit)
- für den Bräutigam einen etwa 1,20–1,50 m langen Stab (symbolisch für das Behüten/Beschützen)
- ein weißes und ein rotes Stück Stoff – etwa 3–5 m lang und 20 cm breit
- Met (Honigwein) und Schnaps zum Anstoßen nach der Zeremonie

… und für den Ritualleiter:

- Festkleidung
- Trommel, Rassel
- Räucherwerk aus Rosen, Weihrauch und Wacholder
- eine Feder zum Räuchern
- Met und Schnaps zum Versprühen

Für den rituellen Rahmen eignen sich:

- selbst hergestellte Symbole für die spirituellen Kräfte der vier Himmelsrichtungen und der Mitte
- Kerzen, Blumen, Schmuck für alle Himmelsrichtungen
- eine Feder für den Norden
- für alle Himmelsrichtungen eine kleine Schale, etwa 10–15cm Durchmesser
- farbige Kerzen, Blumen und bunte Bänder aus Stoffresten für die Dekoration des Platzes
- Met und Schnaps
- ein kleiner Ritualtisch

Handfasting gibt es seit Tausenden von Jahren, das Paar wird mit dem roten »Band des Lebens« verbunden.

EINE FEIER INMITTEN DER NATUR

Für ein so einmaliges Fest wie eine Hochzeit sind sorgfältige Vorbereitung und fleißige Mithelfer erforderlich. Ich empfehle dir, einen erfahrenen Ritualleiter zu engagieren. Es erfordert eine gewisse Erfahrung und auch Verbindung zu den Spirits, um ein solch wichtiges Ereignis entsprechend zu leiten. Aber gern darfst du diese Anleitung jemandem geben, den du für deine Zeremonie für geeignet hältst. Auch ein musikalischer Rahmen, der dem Paar gefällt, passt zu diesem Tag. Ein Kraftplatz in der Natur, unter einem alten Baum, an einem See oder in einem schönen alten Gemäuer, unterstreicht den feierlichen Anlass.

Hier in Österreich organisieren oft Freunde oder Eltern die Zeremonie und Festlichkeit. Wenn du ein solches Ritual leitest, dann schreibe vorab eine Rede zur Einstimmung. Nach meiner Erfahrung sollte eine Festrede zwei Minuten Länge nicht übersteigen. Damit unterstreichst du die freudige Stimmung, langweilst aber auch niemanden mit endlosem Gerede. Sprich zum Beispiel über die Liebesgeschichte des Paars, erzähle von der Geschichte der Hochzeit und bringe die Gäste mit einer Anekdote zum Lachen. Freude ist hier die ideale Einstimmung.

Mein Tipp: Schreibe dir eigene Anrufungen der Himmelsrichtungen und Geister auf, erfahrungsgemäß ist dieser Tag recht aufregend und die Konzentration wird entsprechend schwer.

MIT DEM SEGEN DER NATURGEISTER UND AHNEN

Die Hochzeitsgäste und alle hilfreichen Geister werden in die Auswahl und Vorbereitung miteinbezogen. So hat auch ein in Ritualen unerfahrener Mensch direkten Bezug zu diesem besonderen Ereignis. Wähle einen harmonischen Ort, der ebenerdig und für eine Feier groß genug ist. Hier in den Kärntener Bergen ist eine Ebene eher selten, und ich hatte oft einige Schwierigkeiten, den passenden Ort zu finden.

Denke an Sonnen- und Regenschutz und stelle für die älteren Gäste Stühle auf. Bei meiner eigenen Hochzeit wurde im Garten ein großes Zelt aufgestellt, in dem auch an einem kühlen Frühlings- oder Herbsttag gefeiert werden kann. Am frühen Morgen vor dem Ritual wird mit weißem Mehl ein Kreis von etwa 10 m Durchmesser gestreut. Die Größe ist wichtig, damit das Paar später darin tanzen kann. Räuchere ihn spiralförmig ab, um störende Kräfte zu entfernen. Rufe die hilfreichen Geister der vier Himmelsrichtungen in die Mitte und baue in jede Richtung kleine Altäre auf, jeweils mit Symbolen der Kräfte.

Im Norden kannst du für die Luftgeister eine schöne Feder an einem Ast aufhängen. Ich mag Federn nicht in die Erde stecken, sondern lasse sie gern fliegen. Stelle ein Foto der Ahnen des Brautpaars auf. Richtung Osten passt eine Schale Wasser mit Blüten. Sie steht für die Fruchtbarkeit und die sinnliche Liebe. Eine Göttin in roten Kleidern ist ein schönes Symbol darauf. Auf dem südlichen Altar habe ich zum Fest eine Feuerschale – für die weiblichen Kräfte mit Birkenrinde, für die männlichen mit Eichenholz – entzündet. Rundherum streue ich rote und gelbe Blumen, lege bunte Bänder aus oder hänge sie in die Bäume. Der Erdaltar liegt im Westen und erhält Früchte, Getreide, Brot und vielleicht eine Statuette für die Freuden der irdischen Lust. In die Mitte ziehe ich einen Kreis ohne Symbole für die Leere, die Neues erschafft, schmücke ihn mit Blüten, einer Kerze und etwas Mehl.

Der Platz – hier unter einer Linde – wird vor einer Zeremonie mit bunten Bändern geschmückt.

IN LIEBE VERBUNDEN – EIN LEBEN LANG

Zu Beginn der Zeremonie gehen alle Teilnehmer auf ihre Plätze außerhalb des Kreises. Im Uhrzeigersinn räuchern sich alle gegenseitig ab. Das Brautpaar steht im Norden, bevor es eintritt. Du selbst stellst dich in die Mitte des Kreises. Lade mit Unterstützung von Trommeln, Rasseln, Singen aller Teilnehmer und Musik die Geister feierlich ein. Sprich über das Anliegen und stelle Mann und Frau nacheinander den Geistern vor, dann hole sie in die Mitte.

Nun kommt der feierliche Moment der Eheschließung. Frage das Brautpaar, ob es bereit ist, eine liebe- und respektvolle Gemeinschaft miteinander einzugehen, in guten und schweren Zeiten zueinander zu stehen und ob sie sich gut genug kennen, um so ein verantwortungsvolles

Der Segen der heimischen Götter begleitet das Paar ein Leben lang.

Versprechen auf Lebenszeit zu halten. Nimm dabei die Geister und anwesenden Gäste zu Zeugen und nutze möglichst eigene Worte. Dann geben sich beide die Weidenringe als Zeichen des Versprechens. Schmücke das Brautpaar mit Blumenhalsketten und überreiche ihnen damit den Segen der geistigen Welt.

Wenn die Brauteltern dabei sind, ist es nun an der Zeit, die Verbindung zu segnen, indem sie ihnen Blumenkränze mit dem Segen der Ahnen aufsetzen. Der öffentlich ausgesprochene Segen ist wichtig, er enthält den Schutz des Clans, ohne den viele Paare allein und ohne Unterstützung in schweren Zeiten dastehen.

Nun beginnst du zu trommeln. Hole dir ruhig Unterstützung, indem du ein paar Gäste mittrommeln lässt. Zum einen klingt es so schöner, zum anderen steigert das die Kraft des Rhythmus. Das Paar geht dabei Hand in Hand neunmal im Uhrzeigersinn im Kreis und verbeugt sich vor den Altären der geistigen Welt. Neun ist die heilige Zahl der Vollendung eines menschlichen Zyklus und des Neubeginns. Auf der letzten Trauung flog genau in diesem Moment ein Rabenpaar nah über die Köpfe der Hochzeitsgesellschaft. Ein wunderbares Zeichen für die Verbindung.

Wenn der Segen aller Menschen und Spirits eingeholt wurde, darf endlich geklatscht und beglückwünscht werden. Alle Gäste dürfen Geschenke überreichen, und es wird Musik gespielt. Ein so fröhliches Ereignis wird vor allem mit dem »Götterwein« Met begossen. Das Fest kann nun beginnen!

HARMONIE UND VERSÖHNUNG IN DIE FAMILIE BRINGEN

In unserer modernen Gesellschaft assoziieren wir mit Streit meist negative Erfahrungen. Doch wer es wagt, herzoffen mit seinen Liebsten über Reibungspunkte zu sprechen, kann Heilsames bewirken. Den anderen verstehen, Standpunkte klarstellen und gemeinsam in eine neue, mitfühlende Form der Kommunikation finden – all das kann Harmonie und Orientierung für die Familienmitglieder schaffen. Viele von uns gehören zur Generation der Scheidungskinder. Großeltern und Eltern haben uns nicht immer gelehrt, über Probleme und Anliegen offen zu reden. Umso wichtiger ist es, dass wir es heute tun.

Für eine konstruktive Streitkultur ohne Gewalt und Verletzung benötigen wir zu Beginn oft einen Moderator, einen Menschen mit entsprechender Ausbildung, Erfahrung und Lebensweisheit, der die Familie unterstützt. Er übernimmt die Ritualleitung und eine kreative Vorbildfunktion, ohne überholten Hierarchien oder Traditionen zu folgen. Alle Familienmitglieder werden in diesem Schlichtungsritual gleichberechtigt angehört und von allen auf Augenhöhe wahrgenommen. Der rituelle Rahmen und klare Regeln helfen dabei. Der Kreis ist eine Schutzzone und ein Rückzugspunkt aus dem Alltag.

Der Moderator oder Ritualleiter gibt die Regeln des Rituals (am besten einen Tag vorher) bekannt. Diese gelten unbedingt und in jedem Ritual dieser Art. Sie lauten:

1. Gemeinsam wird ein Ziel der Rederunde festgelegt.
2. Jeder formuliert sein Anliegen klar mit kurzen Worten.
3. Alle hören dem Stabträger aktiv zu und unterbrechen ihn niemals.
4. Keiner spricht länger als drei Minuten.
5. Beschuldigungen sind tabu (»Du hast ...«, Du bist ...«).
6. Jeder zeigt seine Emotionen und spricht dabei von sich selbst.

FAMILIENRITUAL

Folgendes wird benötigt:

- ca. 1 kg Mehl für den großen Kreis und den kleinen Kreis für den Geist der Familie in der heiligen Mitte
- Gaben für die Mitte (Blumen, Nahrungsmittel, Räucherwerk)
- eine mittelgroße Schüssel mit Sand oder eine Feuerschale
- ein Rede- oder Kraftstab
- Zettel und Stift für alle
- eine Uhr
- ein langes Band als Zeichen der Versöhnung

Räuchern – uraltes Ritual der Reinigung und Erneuerung.

Sprecht vorab darüber, um welche Themen es genau gehen soll. Schreibt es am besten auf, denn im Gefühlswirrwarr kann der rote Faden erfahrungsgemäß verlorengehen.

Aus den nativen Kulturen kommt der Brauch des »Zusammentrommelns«. Trommle vor Beginn, um das Ritual klar vom Alltag abzugrenzen. Streue einen Kreis aus Mehl, in dem alle Familienmitglieder gut sitzen können. Führe das Ritual, wenn möglich, im Freien durch. Bei schlechtem Wetter kann es auch in einem ruhigen, ausreichend großen Raum stattfinden.

Zu Beginn räuchert jeder im Uhrzeigersinn seinen Nachbarn ab. Dann setzen sich alle nacheinander auf den Boden. Es ist schön, wenn jeder im Kreis genau den Sitzplatz findet, auf dem er sich besonders wohl fühlt. Jeder legt die mitgebrachten Gaben für die Geister hübsch angeordnet in die Mitte. Alle Teilnehmer schweigen danach, um in die Konzentration zu kommen.

Rufe die Kräfte aus allen Richtungen zusammen und schließe den Kreis. Formuliere das Thema, um das es geht. Jetzt geht der Redestab herum. Wer den Stab hat, bekommt drei Minuten Zeit, um sein Anliegen zu äußern. Zuhören ist in unserer hektischen Zeit eine wertvolle Qualität. Du wirst sehen: Es lohnt sich, dies miteinander zu üben. Nach der ersten Runde fasst du alle Anliegen stichpunktartig zusammen und liest sie vor. Findet dabei die Gemeinsamkeiten heraus, die alle betreffen.

ZUSAMMENHALT DURCH VERSTÄNDNIS UND WERTSCHÄTZUNG

In der zweiten Runde darf Reinigung geschehen, dabei wird es gefühlvoll: Jeder, der den Stab hat, äußert bis zu drei Minuten lang klar seinen derzeitigen emotionalen Zustand. Er kann laut, ärgerlich und wütend sein, auch schreien, weinen, kichern, lachen. Jeder darf all seine Gefühle äußern – gern auch etwas theatralisch. Aufstehen und gestikulieren ist genauso erlaubt. Die einzige Einschränkung ist, dass niemand beschuldigt oder bedroht werden darf und in seinen Formulierungen bei sich selbst bleibt, wie es die Regeln des Rituals vorsehen.

Für alle anderen Familienmitglieder gilt: aufmerksam zuhören, anfeuern und den Mutigen für seine Äußerungen loben. Der Stabträger sollte sich in jeder Emotion gleichwertig bestärkt fühlen, denn jede hat ihre Berechtigung in diesem Kreis. Danach bedankt er sich, dass seine Gefühle in diesem geschützten Raum sein dürfen. Du wirst sehen, es ist gar nicht so einfach, direkt und ehrlich zu sein, aber es hat den reinigenden Effekt eines Gewitters.

Nun kommt die Runde der Wandlung: Alle schreiben die Wünsche, die das gemeinsame Anliegen betreffen, auf und legen sie zusammen mit einer Blüte liebevoll in die Schüssel in der Mitte. Wichtig ist, die Wünsche positiv zu formulieren. Der Wünschende haucht und flüstert seinen Wunsch in den Zettel hinein. Er gibt etwas Persönliches dazu, etwa ein Haar oder einen Blutstropfen. Jeder, der einen Wunsch aufgeschrieben hat, wird von den anderen für seinen Mut beklatscht.

Am Ende zündet ihr die Zettel in der Schale an und schaut gemeinsam zu, wie sie verbrennen. Niemand sollte nach Beendigung des Rituals noch über die besprochenen Themen reden, das würde die feinen Energien der Wünsche bei der Arbeit stören. Führt das Ritual monatlich durch – idealerweise bei Vollmond, wegen der höheren emotionalen Kraft. Du wirst sehen, wie dadurch ein stärkeres Zusammengehörigkeitsgefühl und positive, heilsame Kraft in der Familie entsteht.

DAS GESCHENK EINES BEDEUTSAMEN NAMENS

In der heutigen Zeit suchen viele Paare Alternativen zur kirchlichen Taufe. Manche Eltern möchten ihrem Kind die freie Wahl lassen, in welchen Glauben es später leben möchte. Durch die rituelle Namensgebung erhält ein Kind spirituellen Schutz, Segen und Unterstützung zugesprochen, welche es auf dem gesamten Lebensweg begleiten. Die Wahl des

Das Kind bekommt sowohl einen Namen als auch den Schutz der Familie.

DU BIST GELIEBT, DU BIST WILLKOMMEN

»Hände werden dich sanft tragen,
Herzen werden dich innig lieben,
Arme werden dich sicher halten,
Wir sind hier, dir zu zeigen,
dass du gesegnet und willkommen bist.«
(Susanne Krämer)

Namens ist ebenfalls wichtig, nicht nur wegen seines Klangs. Wenn du in die Symbolik und Bedeutung von Worten schaust, entdeckst du viel mehr. Ein Name und dessen Bedeutung gilt ein Leben lang und hat besondere Kraft für dessen Träger. Er sollte sowohl gut zum Kind als auch zur Familie passen.

Meine Kinder haben mir während der Schwangerschaft im Traum verraten, wie sie heißen, so dass sich meine Suche erübrigte. Eines meiner Kinder wollte Louis genannt werden, »der Lichtbringer«, eines Arthur, »der Bär«, und eines Valentin, »der Glückliche«. Wenn du noch keine Idee hast, vergiss die vielen Bücher. Geh tief in dich und frag dort nach dem Namen, den die Geistwelt deinem Kind geben will. Lies dessen Bedeutung erst danach. Du wirst überrascht sein, wie treffend ein auf diese Art gewählter Name sein kann.

LIEBEVOLL WILLKOMMEN HEISSEN

Seit Menschengedenken nimmt die Gemeinschaft rituell neues Leben in ihrer Mitte auf. Die Eltern stellen es den Göttern, Elementen und Geistern vor. Verwandte und Freunde legten Gegenstände oder Zettel mit ihren guten Wünschen in eine besondere Kiste oder einen verschlossenen Krug: den »Ahnenkrug«, den das Kind bekam, wenn es erwachsen wurde. In früherer Zeit war es Brauch, dass der Vater dieses Ritual nutzte, um ein Kind als das seine anzuerkennen. Paten stellten auch ihre Unterstützung zur Verfügung. Sie fungierten als Mentoren, die dem Kind halfen, seinen Weg zu gehen, und im Notfall sprangen sie auch für die Eltern ein. So bekam ein neues Leben von allen Seiten den Schutz der Gemeinschaft.

In meinem frei gestalteten Ritual wird das neugeborene Kind der Familie und den Freunden vorgestellt und liebevoll auf dieser Welt begrüßt. Die Anleitung soll dich inspirieren, eigene Vorstellungen zu verwirklichen, um dein Begrüßungsritual so zu gestalten, wie es am besten zur eigenen Familie und Weltanschauung passt.

Suche für die Namensgebung einen kraftvollen Platz in der Natur – eine Quelle, einen Fluss, einen Wasserfall oder einen besonderen Baum. Sollte das Kindlein im Winter geboren werden, dann führe das Ritual im warmen Haus durch und gestalte den Raum dort mit natürlichen Elementen.

Alle Familienmitglieder sind bei dem freudigen Ereignis zugegen. Wählt einen oder zwei Paten aus der Verwandtschaft oder dem engen Freundeskreis aus. Sprecht vorab über deren Aufgaben. Sie sollten sich bewusst sein, dass eine Patenschaft große Verantwortung beinhaltet und ein Leben lang währt. Wählt einen jungen Baum aus, um ihn später einzupflanzen.

Alle Familienmitglieder, Freunde und Paten helfen dabei, den Platz für das Fest zu schmücken. Ziehe einen Schutzkreis, der so groß ist, dass alle darin bequem Platz haben. Schafft außerdem ausreichend Sitzmöglichkeiten. Räuchere vor Beginn alle Teilnehmer ab, rufe dann die Ahnen, die Kräfte der Elemente, der Himmelsrichtungen und die Wesenheiten des Ortes zum Fest hinzu. Gehe gemeinsam mit Mutter, Vater und Kind in die Mitte und entzünde die Kerze. Achtet darauf, dass sie nicht ausgeht. Stelle die offene Wünschekiste dazu und erkläre ihre Bedeutung.

ZEREMONIE DER NAMENSGEBUNG

Für das Ritual wird benötigt:

- ein festliches Gewand für das Kind
- eine Schale mit frischem Quellwasser
- ein junger Baum
- ein großes weißes Baumwolltuch, etwa 1,5 x 1,5 m
- verschiedene Fingerfarben
- eine Kerze mit dem Namen darauf
- Blumen
- bunte Bänder oder Stoffstreifen
- Gaben für das Kind: Kleidung, Decke, Schaffell, Mütze
- eine hübsche Kiste aus Holz
- für jeden einen Zettel und Stift

SCHUTZ UND SEGEN FÜR DEN LEBENSWEG

Gebt den Redestab herum, damit das Kind von allen mit Segen bedacht und mit Blumen beschenkt werden kann. Schreibt gute Wünsche auf die Zettel und legt sie in die Kiste hinein. Bitte nun um den Schutz und Segen der Ahnen, Elemente und Wesen, und schreibe diese ebenfalls auf. Wenn alle Zettel in der Wünschekiste sind, bläst du die Kerze aus und legst sie dazu. Nun schließen die Eltern die Kiste ab. Sie verwahren sie an einem sicheren Ort in ihrem Haus. Sie gilt als spiritueller Schutz, und das Kind bekommt den Schlüssel dazu, wenn es erwachsen ist. In der nächsten Runde legen alle ihre mitgebrachten Geschenke vor das Kind hin. Mutter und Vater verkünden den Namen des Kindes. Die Paten kommen in die Mitte und übernehmen mit diesem Spruch offiziell die Patenschaft: »Gesegnet seist du kleines Wesen, von den Ahnen und all deinen Lieben. Dein Name sei ... Er bedeutet … Er soll dir helfen, den Weg des Herzens in dieser Welt zu gehen. Alle hier, ob Mensch, ob Geist, werden deine Wegweiser und Helfer dabei sein.« Gib dem Kindlein ein wenig Wasser zum Segen auf den Kopf, zeige es Vater Himmel und Mutter Erde sowie den Wesen des Ortes. Dann gib es jedem in der Runde kurz in den Arm. Alle sprechen einmal laut seinen Namen mit einem weiteren guten Wunsch aus. Malt den Namen auf das weiße Tuch und gebt einen Abdruck der rechten Hand dazu. Das Tuch darf nun im Zimmer des Kindes aufgehängt werden.

Wenn ein Baum gepflanzt wird, schlägt er Wurzeln – verwurzelt im Leben ist auch das neu geborene Leben.

Verabschiede die Kräfte des Platzes und hebe den Kreis auf. Nun geht alle zu dem ausgewählten Ort, an dem das Bäumchen wachsen soll. Der Vater hebt das Pflanzloch aus und setzt es hinein. Alle Teilnehmer geben etwas Erde und Wasser dazu. Schmückt das Bäumchen mit den mitgebrachten bunten Bändern und sagt ihm einen Segen zum Wachstum. Damit ist die offizielle Namensgebung abgeschlossen. Wie in alten Zeiten feiert ihr die Namensgebung gemeinsam bei einem fröhlichen Festessen. Wenn der Familie und dem Kind so viel Unterstützung und Segen zuteil wird, kann es zukünftig in jeder Lebenslage mit liebevoller Hilfe rechnen.

»GEH, WOHIN DEIN HERZ DICH TRÄGT...«

Meine ersten drei Söhne sind bereits in die Welt gezogen und wohnen weit weg. Loslassen tut weh, bringt aber die zum Erwachsenwerden wichtige Unabhängigkeit mit sich. Wir haben viele Jahre miteinander verbracht, geliebt, gekuschelt, gestritten, uns genervt, und ich war all die Zeit, in allen Lebensabschnitten Hauptverantwortliche und Mutter. Was ich ihnen an Lehre mit auf den Weg geben wollte, habe ich gegeben, was ich versäumt habe, müssen sie als junge Erwachsene ab diesem Tag selbst finden.

Jedes Kind wird eines Tages erwachsen, und eine jede Mutter hat es schwer, ihren Liebling aus dem Haus gehen zu lassen. Oft bleiben wichtige Worte ungesagt, und manches wird im Nachhinein bereut. Für mich ist ein lösendes Ritual ein bewusster Weg, die Schwelle gemeinsam zu überschreiten und wichtige Dinge im Raum des Herzens auszusprechen. Der friedliche Abschied gelingt, wenn Kraft, Segen und Zuversicht aus dem Elternhaus mit dem Kind auf den Weg gehen. Freude und Leid brauchen ebenfalls ihren Ausdruck, das Ritual mit der Familie schafft den Raum, in dem all das einen Platz hat.

Wenn Kinder flügge werden, ist liebevolles Loslassen angesagt.

Auch Geschwister haben es bei einem Auszug leichter, wenn sie miteinbezogen werden. Wenn es einen Bruder und/oder eine Schwester gibt – bzw. Brüder und/oder Schwestern – dann sollten sie bei der Vorbereitung des Rituals helfen. Zuerst wird ein passender Ahnenstab ausgesucht. Er sollte etwa 1,50 m lang, trocken und stabil sein. Für junge Männer eignen sich Eiche, Esche, Wacholder oder Buche gut, zu jungen Frauen passen Holunder, Hasel, Weide oder Birke. Du kannst Symbole hineinschnitzen, aufmalen oder mit einem Lötkolben einbrennen. Gut eignen sich Initialen, Sternzeichen, alle Namen und Gesichter der Familienmitglieder oder Segens- und Schutzsymbole, welche deiner Weltanschauung entsprechen. Der Stab kann mit Bändern, Lederstreifen und Steinen verschönert werden. Er sollte immer dem Geschmack des jungen Menschen entsprechen. Auch ein Amulett wird vorher ausgesucht. Du kannst eines bei einem Goldschmied anfertigen lassen. Ich persönlich finde selbst hergestellte Amulette aus Holz am schönsten. Auf das Amulett kommt ein Sym-

VERABSCHIEDUNG AUS DEM ELTERNHAUS

Für das Ritual benötisgt du:

- ein Tuch, ca. 80 x 80 cm, für ein Bündel
- ein langes rotes Band, etwa 5–8 m
- Geschenke wie: Lieblingsmusik, neue Kleidung, neue Schuhe, etwas Geld, Lieblingsessen
- ein Ahnenstab, ca. 1,5 m lang
- ein selbst gefertigtes Amulett als Kraft- und Schutzsymbol
- je ein Zettel mit guten Wünschen
- viele Blumen
- Räucherwerk
- Schnaps
- Zutaten für ein gemeinsames Festessen

bol, das für den jungen Menschen Kraft und Schutz der Familie darstellt. Es kann ein Tier, eine männliche oder weibliche Gottheit, ein Wappen, auf jeden Fall ein sehr persönliches Symbol sein.

DIE KRAFT DER GUTEN WÜNSCHE IM BÜNDEL

Am Tag vor dem Auszug des Kindes treffen sich die Eltern und Geschwister. Bereitet je einen Zettel mit guten Wünschen (bei kleinen Geschwistern finde ich ein gemaltes Bild schön), den rituellen Kreis und alle Gaben vor. Kleidung, Schuhe, Lieblingsessen, Stab, Band und Amulett legt ihr in die Mitte neben das Tuch. Das lange Band schließt die Runde ein und liegt außen um euch herum.

Der junge Erwachsene sitzt während des Rituals in der Mitte, das Tuch für sein Bündel liegt vor ihm. Sein großer Tag ist gekommen, und ihr sprecht in der ersten Runde nacheinander darüber, welche schönen Erlebnisse euch miteinander verbinden – hierfür wird der Redestab herumgereicht. Lustige und traurige Geschichten werden erzählt und Gefühle werden geäußert, denn Tränen und Lachen gehören nun einmal dazu. In der zweiten Runde gebt ihr Segen und liebevolle Wünsche in das Bündel. Jeder Wunsch wird zuerst vorgelesen, dann ein persönlicher Segen dazu gesprochen, der Zettel zusammengerollt und auf das Tuch gelegt. Jetzt können nacheinander alle Geschenke übergeben werden. Wiederum mit von Herzen gesprochenen Segenswünschen legt ihr sie in das Bündel hinein. Etwas Geld für den inneren und äußeren Reichtum kommt obenauf.

IN LIEBE VERBUNDEN – AUCH IN DER ENTFERNUNG

Jetzt ist der junge Erwachsene gefragt, seinen Dank an die Familie auszusprechen. Er sagt alles, was ihm auf dem Herzen liegt und bedankt sich bei jedem einzelnen für gemeinsame Erlebnisse.

Aus dem Kind wurde ein Mann, der voller Kraft seinen eigenen Weg geht.

Wenn alle Segen gesprochen sind, steht ihr auf und fasst euch an den Händen. Ich sage in solchen Momenten gern einen Spruch, den auch du verwenden darfst, noch schöner ist gewiss ein eigener:

»Unser Band ist stark, unser Segen ist groß, unsere Kraft für immer in Liebe verbunden. Geh nun deinen Herzensweg mit dem Segen der Ahnen und der Familie. Ab heute bist du selbst für dich verantwortlich. Wenn einer von uns in Not ist, werden die anderen immer da sein.«

Dann lasst euch los, dreht euch im Kreis nach außen, und jeder bindet zum Zeichen der innigen Verbindung einen Knoten in das rote Band. Danach legt ihr es eingerollt ins Bündel. Habt ihr wirklich alles gesagt? Dann ist es für den jungen Menschen Zeit, das Bündel zu packen. Er hängt es an den Ahnenstab und stellt es an die Ausgangstür eurer Wohnung bzw. eures Hauses. Ein festliches Abschiedsessen, fröhlich und ausgelassen bei Musik und Kerzenschein beendet das Ritual. Am nächsten Morgen geht euer Sohn oder

RITUAL ZUM ERNTEDANK

Dafür brauchst du:

- drei etwa handtellergroße Steine, ein Symbol für die Kräfte der Natur: Werden, Wachsen und Vergehen. Du kannst sie gern bemalen oder bunte Bänder darum wickeln
- ein großes Blatt (etwa Klette oder Kürbis), um Gaben darauf zu legen. Wenn du keines findest, nimm einfach ein weißes Tuch
- eine Kerze
- Früchte, ein Ei, Gemüse und Getreideähren sowie etwas gekochtes Essen
- frisches Wasser
- Herbstblumen
- ein paar Münzen
- etwas Schnaps (Korn), Getreide oder Mehl
- schmale Bänder in herbstlichen Farben (gelb, rot, braun, grün ...). Du kannst den Altar auch mit Farbpulver in Rot (für die weiblichen Kräfte) und Gelb (für die männlichen Kräfte) verzieren

eure Tochter mit einem Abschiedsgruß endgültig aus dem Haus. Er bzw. sie ist für den neuen Schritt ins Leben im Herzen gut genährt, von der Familie und den Ahnen gesegnet. So gestärkt geht viel liebevolle Kraft mit auf den gesamten Lebenspfad.

DER FÜLLE DANKBARKEIT ERWEISEN

Wenn ich die Tür meines Gartens von innen schließe und die Hände bis zum Ellenbogen in der satten, schwarzen Erde vergrabe, ist der Alltagsstress weit weg. Mein Garten ist für mich Tempel der Fruchtbarkeit, Heilungsort und Kreativschmiede in einem. Seit etwa 20 Jahren gestalte ich Gärten an jedem Platz, den ich bewohnte, um darin gesundes Obst und Gemüse zum eigenen Verzehr zu pflanzen, aber vor allem, um glückselig darin zu versinken. So liegt es nahe, von Herzen Danke für die Fruchtbarkeit, Fülle und das satte Grün, für das gute Essen, den einzigartigen Geschmack der Kräuter und die heilsamen Düfte zu sagen. Mir ist es ein Bedürfnis, den Wesen etwas zurückzugeben, die dabei helfen, dass aus dem Reich der Erdmutter so reiche Früchte wachsen.

Das Dankritual führe ich zur Zeit der Ernte im September bei Vollmond durch. Die Augusthitze ist der goldenen Herbstsonne gewichen, die Früchte sind rund und reif. Am Obsthang fallen bereits Äpfel und Zwetschgen in Hülle und Fülle. In der Küche duftet es nach Marmeladen, Dörrobst, Zimtbirnen und Tomatensauce, und in der Herbstsonne trocknen Unmengen Walnüsse. Auch die Kolkraben und Eichelhäher freuen sich über Extrafutter vor dem kalten Winter. Am Vollmond im September feiern wir jedes Jahr ein fröhliches Dankesfest.

Ich lade dich ein, den Kräften der Natur für ihre Fülle zu danken. Der ideale Platz dafür ist natürlich in deinem Garten, wenn du einen hast. Wenn nicht, kann auch ein lauschiger Platz unter einem Baum, Bach, Holunder- oder Haselstrauch die festliche Stimmung untermalen.

SICH AM WACHSTUM FREUEN

Räuchere den Platz mit Beifuß oder Salbei, um ihn zu reinigen und schließe den Schutzkreis. Stelle die drei Steine nebeneinander aufrecht in die Mitte des Platzes und reinige den Boden von altem Laub und Unrat. Breite nun deine Gaben auf dem Blatt vor den Steinen aus. Der Altar zeigt üppige Fülle und persönlichen Dank und soll bunt geschmückt werden, so wie die herbstliche Natur selbst. Entzünde die Kerze und gib noch etwas Räucherwerk vor jeden Stein. Mir hilft es, dabei zu schweigen, um in der Ausrichtung zu blei-

DIE KRAFT DER FRUCHTBARKEIT

Mutter ich rufe dich,
uralt ist dein Gesicht,
weise und lieb in mir,
Mutter ich danke dir.

Vater gib deine Kraft,
Stab durch dich Heilung schafft.
Vater, ich ruf auch dich.
Vater, gib Kraft in mich.

Wachstum, ich danke dir
für Reife und Kraft in mir.
Segen und Erdenkraft
Schönheit für alle schafft.

ben. Nun rufe oder singe die drei Kräfte der Erde an, um ihnen zu danken. Du darfst dabei gern meinen Spruch verwenden oder einen eigenen deiner Wahl:

Gib etwas Wasser auf die Erde vor dem Altar und versprühe Schnaps auf die drei Steine. Bitte die darin wohnenden Kräfte um ihren Segen für eine gute Ernte im Garten und für ausreichendes Einkommen, das dich ernährt. Frage sie auch nach innerem Reichtum und emotionaler Fülle. Sprich deine Bitten laut aus und gib emotionale Kraft in die Worte. Das Ritual kannst du zusätzlich im April durchführen, um deinen Garten und dich zum inneren Wachstum anzuregen. Dankbarkeit ist eine starke Kraft und ein Schritt auf dem Weg zu mehr Zufriedenheit.

Kreativ zu sein »füttert« den eigenen Geist.

DIE EIGENE KREATIVITÄT ERFAHREN

Als Kind bekam ich von meinen Tanten Malbücher mit Filzstiften geschenkt. Sie erwarteten, dass ich diese hübsch farbig ausmalte, um das Lob dafür einzuheimsen. Keineswegs. Die Seiten waren bunt bemalt – jedoch mit Girlanden, Blumen, Spiralen, Zickzacklinien, Zauberern, Tieren, Geistern, Fratzen, Gesichtern und vielem anderen. Von den vorgedruckten Bildern waren manchmal die Umrisse erkennbar. Meine Tanten verstanden und schenkten mir fortan weißes Zeichenpapier.

Auch Schulhefte sahen ähnlich aus. Ich fand sie eines Tages in einer alten Kiste und zeigte sie einem meiner Söhne. Er war sehr schüchtern und hielt sich zu der Zeit sehr an Vorgaben und Vorschriften. Er schaute die Bilder an und sagte etwas entsetzt: »Mama, warst du das? Das ist toll, echt schön. Aber hat denn keiner mit dir geschimpft?« Ich antwortete: »Doch natürlich, und wie, aber du siehst ja, ich lebe noch. Ganz ehrlich, es war mir ziemlich egal.« Fortan begann er, sehr zum Ärger seiner Lehrer, Schulhefte, Bücher und Hausaufgaben mit bunten Girlanden, Schnörkeln und Bildern zu verzieren. Er ist heute ein wundervoller Musiker.

Kreativität ist eine Quelle, die aus sich selbst schöpft. Du hast eine Idee und fängst unermüdlich an zu tun, oft ohne zu wissen, was dabei herauskommen wird. Genau so habe ich begonnen dieses Buch zu schreiben. Singen, Tanzen, Dichten und künstlerisches Gestalten sind pure Freude. Die folgenden Ideen unterstützen dich dabei, wie die Natur selbst, lebendig, fröhlich, wild zu sein – oder es wieder zu werden.

Die Welt in Freude umarmen mit dem eigenen Gesang.

SICH FREI SINGEN

Bevor es Radio und Fernsehen gab, sang der Mensch die ganze Zeit, ob er gerade verliebt war, arbeitete oder wanderte. Und je nachdem klangen die Lieder lieblich, traurig oder kraftvoll. Singen ist Ausdruck der Seele, es macht den Alltag bunt, unterstützt und steigert die Lebensfreude. Bäume, Tiere und Pflanzen gedeihen besser und gesünder, wenn sie Musik hören. So auch wir Menschen. Dabei haben wir beinahe vergessen, dass die heilsamste Musik nicht aus dem Radio, sondern aus uns selbst kommt. Wenn die Stimme erklingt, haben Körper und Geist nicht nur ein Ventil, durch das Emotionen in den Raum gelangen. Sobald dir bewusst wird, was deine Stimme kann, ist es möglich, dein Umfeld in deinem Sinne zu verändern. Nicht umsonst singen die Menschen indische Mantren, südamerikanische Icaros und deutsche Wiegenlieder. Gesang ist Nahrung, Kraft und Medizin in einem und noch viel mehr. Dein ganzer Körper ist ein Resonanzraum, den du nutzen kannst, um deine Stimme erklingen zu lassen, und das ist eine Menge. Dabei ist es vollkommen unwichtig, ob du musikalisch bist oder vollkommen schräg singst. Niemand hört dich, also los!

DIE TÖNE FLIESSEN LASSEN

Für dieses befreiende Ritual benötigst du

- einen Platz, an dem du hemmungslos laut sein kannst, ohne das Gefühl, von anderen gehört zu werden, sei es draußen oder daheim. Eine Wohnung mit dünnen Wänden und geräuschempfindlichen Nachbarn ist dafür denkbar ungeeignet.
- eine warme Decke als Unterlage für den Boden
- eine Trommel oder Rassel

Nun kann es losgehen:

- Ziehe deinen Schutzkreis und lege dich in die Mitte. Verbinde deinen Atem mit dem der Erde.
- Atme 3 Minuten lang langsam und tief durch die Nase ein und durch den Mund aus.
- Stelle dir vor, dass alle Gedanken, die dich stören, alle Menschen, die je deinen Gesang kritisierten, wie kleine, graue Karikaturen aus dir herausspazieren und miteinander unter der Erde verschwinden. Gähne lange und so laut, wie du nur kannst, mindestens zehnmal mit derselben Intensität.
- Atme durch die Nase tief in den Bauch.
- Lasse beim Ausatmen geräuschvoll deine Lippen flattern, »brrrrr...«, etwa wie ein Pferd, das laut schnaubt. Dabei soll das Ausatmen länger und intensiver als das Einatmen sein. Tu das zehnmal.
- Winkle nun die Knie an und hebe sie locker an den Bauch, umfasse sie dabei mit den Händen, so dass sie in Armlänge vor dem Körper sind und der Bauch frei ist.
- Kreise die Knie langsam zehnmal nach links und dann zehnmal nach rechts, das lockert dein Becken.
- Stelle die Beine ab, lasse sie etwas angewinkelt und atme tief durch die Nase ein. Beim Ausatmen gibst Du Babylaute von dir, möglichst laut und schräg, etwa so: »blablablabla ... blubblubblub ... gurglgurgl«. Das machst du etwa drei Minuten lang.
- Du darfst und sollst darüber laut lachen und dich dabei möglichst auf dem Rücken herumkugeln. Danach atme wieder ruhig durch die Nase ein und aus. Spüre den Vibrationen an deinen Lippen nach, fühle das Kribbeln im Gesicht.

- Stelle dich nun bequem hin, die Beine hüftbreit auseinander und die Knie locker. Lasse ein paarmal die Hüfte kreisen, je zehnmal rechts- und linksherum.
- Atme tief in den Bauch und lege beide Hände auf den Bauch, etwa in Höhe des Zwerchfells.
- Dann atme mit einem laut hörbaren Zischen ein sehr langes »Tssssss…« durch den Mund aus. Wiederhole dreimal. Wenn dir schwindelig wird, legst du eine kurze Pause ein.
- Atme nun wieder durch die Nase ein. Beim Ausatmen gibst du explosionsartig Konsonanten von dir: »k, pf, ts, s, p, t, h …«. Beide Hände unterstützen, indem sie die Laute aus dem Bauch »herauspressen«. Wiederhole das 3 Minuten lang. Damit wird dein Zwerchfell gelockert und der Atem kann freier fließen.
- Töne »aaaaaaa«. Lass den Ton aus deinem Bauch kommen, nachdem du tief durch die Nase eingeatmet hast. Versuche so tief wie möglich aus dem Grund des Beckens zu tönen.
- Töne so lange, bis all die Luft aus deiner Lunge draußen ist und wiederhole zehnmal.
- Dann folgen »ooo«, »eee«, »uuu« und »iii« in tiefer Stimmlage. Fühle dabei deine Stimme mehr, als dass du sie hörst. Die Vibrationen gehen durch deinen Körper, bis in den Boden.
- Lass nun deine Trommel / Rassel im Rhythmus, der dir angenehm ist, erklingen. Töne rhythmisch mit. Ziehe die Töne lang und kurz, erfinde Worte und töne diese. Spiele damit und steigere dich ruhig. Verändere die Geschwindigkeit der Trommel / Rassel. Lasse die Töne aus dir herausfließen wie Wasser, lasse sie purzeln wie Steine und zischen wie Luft. Hier bist du bereits beim schamanischen Gesang angekommen.

Von Herzen lachen befreit und tut der Seele wohl.

- Wenn du genug mit der Stimme gespielt hast, kannst du mit deiner Ausrichtung experimentieren. Versuche es mit »Schutz«, »Reinigung«, »Heilung«, »Verbindung« und gib diesen Themen Töne. Welche, ist ganz dir überlassen.
- Wenn du genug Spaß hattest oder nicht mehr kannst, bedankst du dich bei dem Geist deiner Stimme. Sag ihm, dass du deine Stimme magst und gern wieder erklingen lässt. Dann löst du den Schutzkreis auf und beendest dein Ritual. Wiederhole die Übung, sooft du magst. Die Stimme ist eines deiner wirkungsvollsten Werkzeuge, je regelmäßiger und öfter du übst, desto größer wird deine Stimmkraft.

TANZEND DURCHS LEBEN GEHEN

Wie die Stimme ist auch der Körper und seine Bewegung kreativer Ausdruck des menschlichen Seins. Ich denke hierbei nicht an Paartanz oder Synchrontanz wie in einem Musikvideo. Dein Körper spricht eine eigene Sprache, auf die es sich zu hören lohnt. Wie oft höre ich: »Ich kann nicht tanzen.« Das ist – mit Verlaub – Blödsinn. Jeder kann es, nur die Angst vor Beurteilung hält die Hüften vom Schwingen zurück. Also – auf geht's, let's rock!

WILD UND FREI TANZEN

Du benötigst für diese Übung:

- einen ungestörten Platz
- eine einfache, selbst gefertigte Maske (je nach Geschmack aus bemalter Pappe oder Stoffresten hergestellt)
- einen möglichst weiten, bequemen Rock, ein Kleid, eine Hose oder ein langes Tuch für die Hüfte. Ich nehme dazu ein Bauchtanztuch, so rasselt es beim Tanzen laut
- eine Trommel oder Rassel

Ritueller Tanz hat nur eine Regel: dass alles erlaubt ist, was Spaß macht, solange niemand verletzt wird. Vor dem rituellen Tanz braucht es zunächst eine Absicht. Wenn ich mich beispielsweise mit dem Element Wasser verbinde, sind meine Bewegungen weich, fließend und leicht, und ich benutze eher eine Schilfraschel dazu. Zur Erdverbindung trommle ich und stampfe dabei laut, auch der Rhythmus ist erdig und stampfend. Tanze ich das Feuer, drehe und bewege ich mich schnell wie eine flackernde Flamme, leidenschaftlich und wild. Für den Tanz mit dem Wind »wehe« ich mit meinen Tüchern, der Rhythmus ist weich, streichend oder aber donnernd, je nachdem, ob ich den Orkan oder leisen Hauch tanze. So kannst du selbst experimentieren, welches Element du wie tanzen möchtest. Der Tanz verkörpert also deine körperliche Verbindung zu einer Person oder einem Element. Nun kann es losgehen:

Zum Klang der Trommel tanze ich fröhlich für mich selbst.

- Beginne wie immer mit dem Schutzkreis und der Atemübung. Der Kreis muss so groß sein, dass du genug Platz zum Tanzen hast.
- Lege deine Maske an und trommle etwa 15 Minuten im Herzschlagrhythmus.
- Beginne dich dabei zu lockern, zu wiegen, die Hüften zu kreisen und mit den Knien zu wippen. Töne dabei rhythmisch mit, nutze deine Stimme, um die Bewegung zu unterstützen.
- Tanze so oft und so lange, wie es dir Spaß macht und für dich angenehm ist. Du wirst bald sehen, wie sich deine Lebensfreude mit den Bewegungen steigert und wie du dies bewusst beeinflussen kannst.

Auf Almwiesen finden sich besonders aromatische Blüten.

EIN BESONDERER DUFT FÜR SCHUTZ UND SEGEN

In vielen Kulturen werden pflanzliche Düfte für die Heilarbeit genutzt, aber auch um zu segnen und einen geistigen Schutz mit Pflanzengeistern herzustellen. Wenn ich vor Jahren an einem peruanischen Heilritual teilnahm, war ich schier berauscht von dem herrlichen Duft des »Agua di Florida« oder Schamanenparfums. Als ich mit meinem Lehrer durch den peruanischen Regenwald lief, waren es die vielen Blüten, die meine Sinne gefangen nahmen und sich mir über den Duft deutlich mitteilten. Er erzählte mir von seiner persönlichen Verbindung zu jeder Blüte und erklärte mir, welche Aufgabe die einzelne hat.

Zurückgekehrt wollte ich unbedingt selbst ein solch wertvolles Wasser herstellen und begann vor etwa 15 Jahren meine Experimente in den Wäldern und Wiesen Deutschlands. Die ersten Versuche waren entweder sehr schwach riechend oder viel zu intensiv (zum Beispiel durch zu viele Maiglöckchen), manche reizten auch die Haut. Es war gar nicht so einfach.

Die hier beschriebene Duftmischung hat sich in ihrer Zusammensetzung für mich sowohl in festlichen Ritualen als auch in teils anstrengenden Heilzeremonien als wohltuend, schützend und harmonisierend bewährt. Ich verwende sie als Duft, indem ich sie in der Luft versprühe, um bestimmte Geister einzuladen, oder trage sie auf die Haut auf, um die schützenden Eigenschaften zu nutzen. Als Dank für einen Platz ist sie ebenfalls geeignet. Ich tropfe einfach etwas davon auf den Boden.

Wenn du sie herstellen möchtest, empfehle ich dir, zuerst eine tiefe und emotionale Verbindung zu den Geistern der Pflanzen aufzubauen und dich nach den Naturschutzgesetzen der einzelnen zu erkundigen. Einen hohen Grad an Achtsamkeit gegenüber jedem Lebewesen setze ich dabei natürlich voraus.

DIE RICHTIGEN BLÜTEN ERSPÜREN

Beginne am Morgen, nachdem der Tau im Gras getrocknet ist, mit der Kopfatmung und der Pflanzenverbindung. Wenn deine Sinne geschärft sind, suche dir einen Ort in der Natur, wo viele Blumen – auch Bäume – blühen. Schau jede Blüte genau an, nimm Kontakt zu ihr auf und lasse dir Zeit. Frage jede einzelne Pflanze, ob sie die richtige ist. Teile ihr in Worten oder Gesang mit, welches Anliegen du heute hast, kommuniziere über Berührung, beatme sie und benetze sie mit etwas Speichel. Spürst du das Ziehen »nach oben« in deinem Bauch? Gibt es feine Signale? Tauchen vielleicht Tiere auf? Achte gut auf das, was du fühlst.

Nimm von jeder Pflanze nur so viele Blüten, dass du sie nicht zu sehr beschädigst. Beachte auch, welche Hautreizungen verursachen können oder giftig sind. Ich selbst suche insgesamt 33 verschiedene Pflanzen. Für mich sind auch Baumharz und die Blüten der Bäume geeignet, sie geben Erdung und riechen sehr fein. Bedanke dich mit einer kleinen Gabe bei jeder Pflanze und spüre für dich, welche Anzahl und welche Blumen zum Duft passen. Die frisch gepflückten Blüten legst du gleich in Alkohol ein. Gib etwas von dem Öl darüber, denn der Geruch verflüchtigt sich schnell. Wenn ich vom Vorjahr noch einen Rest Blütenparfum habe, gebe ich diesen dazu, so dass die Potenz dieser Essenz jedes Mal stärker wird.

BLÜTENPARFÜM KREIEREN

Du benötigst:

- ein neues 500-ml-Glas mit Schraubverschluss
- ½ l Alkohol (für mich hat sich etwa 40% iger Wodka bewährt)
- einen Sammelkorb und ein scharfes Messer
- etwas Sonnenblumenöl – der Duft hält sich in einer Emulsion aus Öl und Alkohol wesentlich länger
- den entsprechenden Mondtag für Blüten, möglichst im Juni, und ausreichend Zeit für eine längere Wanderung

Die fertige Essenz soll nun möglichst viel Kraft sammeln. Bei abnehmendem Mond tankt dein Parfum tagsüber Sonne. Nachts stellst du es bei zunehmendem Mond ins Mondlicht. Du kannst es eine gesamte Mondphase lang in die Erde eingraben. Eine ausreichend große Kiste hat sich dazu bewährt. Beim nächsten Vollmond entzündest du ein Feuer. Weihe deine Kräuter damit, indem du das Glas in entsprechender Entfernung über den Flammen schwenkst. Öffne nun den Deckel und singe heilsame, segnende Lieder für deine ganz persönlichen Pflanzenwesen. Pflanzen mögen Musik, und so wissen sie zudem, welche Aufgabe sie erfüllen. Ich selbst singe dafür etwa bis Mitternacht.

Geeignete Blüten sind zum Beispiel: Wildrose, Kamille, Holunder, Akazie, Zirbelkiefer, Lärche, Wacholder, Linde, fast alle Lilien, Salbei, Dost, Thymian, Mädesüß, Veilchen, wilde Stiefmütterchen, Geißblatt, Angelika, Arnika, Alant, Wegwarte, Malve, Sumpfporst, Minze, Rainfarn, Ruchgras, Johanniskraut und Königskerze.

IM FLUSS

Es war einmal ein ganz normales kleines Mädchen. Es lebte in einem kleinen Haus am Rande einer unbedeutenden Kleinstadt im ostdeutschen Norden. Immer, wenn es Sommer wurde, gingen sie und ihre Freunde an einem kleinen Fluss, der sich an der Stadt vorbeischlängelte, baden. Das Mädchen hatte aber jedes Mal schreckliche Angst, denn sie konnte noch nicht schwimmen. Diese Angst schnürte ihr jedes Mal die Brust so fest zu, dass sie fast nicht mehr atmen konnte. Sie ging immer nur bis etwa an die Brust ins Wasser hinein, und tat so, als könne sie bereits schwimmen. Weil sie ziemlich groß gewachsen war, fiel das den anderen nicht auf.

Eines Tages aber erfasste sie der Fluss, der nach einem Regenfall stark angeschwollen war. Er zog an ihren Füßen, sog sie schnell und gnadenlos auf den Grund. Das Mädchen bekam Panik, der Atem stockte ihr und sie wollte schreien. Sie tat es aber nicht, zappelte stattdessen wild mit den Armen und Beinen. Aber es half nicht. Sie trieb weiter in der Strömung, und ihr wurde langsam kalt. Panik wich der Gewissheit des Todes. Nach einem schier endlosen Kampf gab sie auf, in der Gewissheit, ihr letztes Stündlein habe nun geschlagen. Wie tot trieb sie im gurgelnden Sog der Strömung.

Ich bin mit den Flüssen und Seen Mecklenburgs im Herzen verbunden.

Mit einem Mal jedoch kam sie, wie ein Korken – plopp – unerwartet wieder an die Oberfläche. Der Fluss hatte sie freigegeben. Sie wurde ruhig und ließ sich im Gefühl treiben, vom Wasser getragen zu sein. Aus Todesangst wurde Glückseligkeit, in der beinahe ihre Brust zersprang. In ihr breitete sich ein Gefühl aus, als könne sie fliegen. Sie hatte überlebt.

Etwas später begann jemand ganz leise an ihr Herz zu klopfen, so wie eine Maus oder ein Grashalm. Eine deutliche Stimme sagte: »Du wirst ab jetzt nur noch deinen eigenen Weg gehen und ich werde dir sagen, wohin dein nächster Schritt führt. Hör mir gut zu und lass dich nicht beirren. Du wirst durch viele Welten reisen, diesseits und jenseits der Normalität und Realität. Später wirst du eine Brücke und manchmal Ratgeber sein. Solange du klein bist, schweig darüber, wenn du erwachsen bist, darfst du darüber schreiben und erzählen. Ich bin deine weise Urahne und freue mich, dass du mir zuhörst. Ich werde für dich sorgen und dich führen.« Genau so hatte sie es vernommen. Das kleine Mädchen wurde ganz still und froh. Sie fühlte sich geborgen und von der Urahnenstimme behütet.

Als sie später an Land gespült wurde, war sie in einer Gegend, die sie bisher nicht gesehen hatte. Selig setzte sie sich ans grasbewachsene Ufer. Äußerlich hatten sich ihre Augen und Ohren nicht verändert. Es war jedoch, als wäre der Horizont ihrer Wahrnehmung weiter geworden. Sie hörte Vögel und Bäume miteinander reden und sah viele andere Wesen fröhlich am Flussufer schwatzen, tanzen und lachen. Auch eine bezaubernde Melodie vernahm sie, die von Grillen stammten, die mit den Oberschenkeln rasselten. Jene aus dem Schilfgras waren ihr vorher schon begegnet, bisher hatte sie sie jedoch als Fantasie abgetan. Eins der Wesen kam auf sie zu und bat sie, mit ihm zu tanzen. Sie drehten sich umeinander im Licht der Mittagssonne. Ihr gesamtes Wesen erfüllte sich mit Freude im Zauber dieser geheimnisvollen Welt.

Irgendwann hörte sie ein lautes Rattern und Poltern. Sie erschrak und die Wesen verschwanden so schnell, dass sie nicht mit den Augen folgen konnte. Das sehr reale Geräusch eines Mopeds eines ihrer Freunde kam auf sie zu, jene hatten überall nach ihr gesucht. Der Fahrer rief erleichtert: »Hier ist sie!« Ihr Bewusstsein brauchte eine Weile, um zu erkennen, dass auch dies real war, genau wie die wunderbaren Wesen und die Stimme in ihrem Inneren.

Ihre Freunde sagten: »Du stehst unter Schock«, und brachten ihre Kleidung, die sie widerstrebend anzog. Überrascht und stumm tat sie so, als würde sie frieren und ließ sich von den irritierten Begleitern Heim bringen. Schweigend fuhren sie in das Backsteinhaus ihrer Eltern, still legte sie sich auf das Bett in ihrem Zimmer, um wieder und wieder von Wesen, Stimmen und all den fröhlichen Tänzen zu träumen.

Nach diesem Erlebnis verlief ihr Leben in der Tat anders und ungewöhnlicher, als sie es erwartet hatte. Sie sah und hörte immer mehr Dinge, die für die anderen nicht im Ansatz existierten – was es nicht gerade leichter für sie machte. Eines Tages begann jedoch die leise Stimme in ihrem Inneren ihre Lehrerin zu werden. Sie lernte zuzuhören, und langsam aber sicher begann ein tiefes Verstehen.

HILFSMITTEL FÜR DIE RITUALARBEIT

In Verwendung als Symbole können verschiedene Gegenstände nützlich sein. Auf Seite 42 habe ich die Basisausrüstung beschrieben, die sich leicht in einen Wanderrucksack packen lässt. Ich benutze zusätzlich: Holzstäbe, Federn, Rasseln, Trommeln, Gebetsketten, Glocken, Räucherschalen, gemalte Bilder, kleine Skulpturen, Steine und vieles mehr. Über die Jahre hat sich bei mir zuhause einiges angesammelt.

Inzwischen sagen meine »Antennen«, welcher Gegenstand zu einem Ritual passt oder besser als Schmuck im Haus verwendet wird. Prinzipiell kann jeder Gegenstand rituell genutzt werden. Um kraftvoll zu wirken und Alltag und Ritual nicht zu vermischen, braucht es etwas Struktur.

Trommel und Trommelschlegel selbst gefertigt.

Wenn ich Steine finden möchte, bitte ich das Steinvolk um freundliche Unterstützung. Meist »leuchten« mir dann genau die Vertreter entgegen, die ich gerade benötige. Federn finde ich, wenn ich sie brauche. Um einen Stab zu schneiden, verbinde ich mich mit dem Baum, an dem er wächst und bekomme ihn idealerweise geschenkt. Die Äste schneide ich mit Keramik oder Kupferwerkzeug, um den Baumgeist oder dessen Mitbewohner nicht zu verärgern.

Selbstverständlich bedanke ich mich für solch wertvolle Gaben, indem ich kleine Geschenke in Form von Getreide, Farbe, Blüten etc. hinterlasse. Auch ein kleines Lied erfreut den Baumgeist. Bevor ich Ritualgegenstände nutze, weihe ich sie einem Zweck und mache mir ihre Energie bewusst zu eigen. Ich lade sie auf, indem ich sie mit der Absicht der Kraftübertragung berühre, streichle, meinen Atem auf sie blase, bespreche oder mit der gewünschten Absicht besinge. Dazu suche ich das passende Element aus, entweder Feuer, Wasser, Erde, Luft oder Äther, und einen dem Zweck entsprechenden Platz. So laden sich meine »Werkzeuge« über die Zeit immer mehr auf.

Wenn ich einen Gegenstand mehrfach nutzen will, fertige ich ihn idealerweise selbst an. So richte ich die Energie, die in ihm vorhanden ist, bewusst auf ein Ziel aus. Selbst gemachte Gegenstände haben zudem den großen Vorteil, dass meine Kraft während der Herstellung beständig hineinfließt, in beständiger Konzentration auf den Zweck. Ich bin keine besonders begabte Bastlerin oder Handwerkerin. Wenn meine Trommeln und Rasseln also nicht »perfekt« aussehen, spiegeln sie dadurch mich selbst wider, die ich zum Glück ebenso »unperfekt« bin. Benut-

EINE SCHAMANISCHE RASCHEL BASTELN

Du benötigst:

- ein scharfes Keramikmesser
- etwas Räucherwerk
- Getreide für die Pflanzengeister
- ausreichend Hanf- oder Baumwollband von etwa 3 Millimetern Durchmesser.

ze ich eine gekaufte Rassel, Kette, Trommel oder Feder, reinige ich sie vor dem Benutzen mit Räucherwerk, Wasser, Feuer, Farbe, Salz oder Asche von fremden Kraftfeldern. Danach weihe ich sie entsprechend meiner Absicht. Es versteht sich von selbst, dass geweihte Gegenstände sehr persönlich sind und im Haus einen gut behüteten Platz erhalten sollten. Im Folgenden beschreibe ich die Herstellung einer sehr sanft klingenden schamanischen Raschel nach peruanischem Vorbild.

EIGENE INSTRUMENTE BAUEN

Natürlich kannst du dir einfach eine Trommel kaufen. Ein gekauftes Instrument wird aber nie ganz so sein, wie ein selbst gefertigtes. Bevor ich das erste Mal trommelte, nahm ich an einem Workshop teil und baute meine erste eigene Trommel, ebenso eine Rassel. Das hat viel Spaß gemacht, war aber auch recht teuer. Meine Schilfraschel hat keinen Cent gekostet. Nachdem ich im peruanischen Amazonas begeistert die Chakapa, das dortige schamanische Instrument, angehört hatte, dachte ich mir eine europäische Variante aus. Ursprünglich aus Palmenblättern gebaut imitiert sie den Flug und das Geräusch von Flügeln. Da ich keine Spezialistin für Trommelbau bin, möchte ich dir ein einfaches, aber vielseitiges Instrument ans Herz legen. Und das Beste ist: Du kannst es leicht selbst herstellen.

Konsultiere den Mondkalender, bevor du Schilf erntest, das eine Weile halten soll. Ein Blätter- oder Kräutertag vor Vollmond im Januar ist der ideale

Zeitpunkt. Das geeignete Schilf findest du an einem Flussufer, See oder Teich. Suche dir eine Stelle, die dich anspricht. Räuchere den Platz und gehe mit ihm in Verbindung. Äußere dabei deutlich deine Absicht. Frage nun, ob und welche der Pflanzen für diesen Zweck geerntet werden dürfen. Wenn du ein »Ja« für die Ernte erhältst, dann schneide je einige Stängel von verschiedenen Stellen ab. Bedanke dich hinterher und lasse kleine Gaben dort.

Die Schilfraschel stellst du wie folgt her:

- Binde das Schilf in mehrere kleine Bündel von etwa einem Zentimeter Durchmesser zusammen (je 5–6 Stängel).
- Nimm Hanfband oder Baumwolle und wickle es/sie spiralförmig bis zu den Blättern und zurück, umwickle die Stiele dabei fest.
- Binde die kleinen Bündel dann zu einem dickeren Bündel von etwa 5 Zentimetern, das gut in deiner Hand liegt.
- Ziehe die Bänder noch einmal fest, dann ist es fertig.

Weihe und aktiviere das Schilfbündel in einem Ritual: Räuchere es, besprühe es mit Wasser, gib etwas rote Farbe darauf oder binde ein farbiges Band darum. Fülle es und sage ihm, wozu du es benutzen willst und was seine Aufgabe ist. Nun raschle so oft du magst damit, mal rhythmisch, mal wie ein Vogel. Wenn du magst, kannst du dazu auch singen. Fühle, welche Art der Töne und welcher Rhythmus für dich passen. Je öfter du die Raschel benutzt, desto kraftvoller wird sie, da sie sich in jedem Ritual mehr und mehr mit deiner Kraft auflädt.

ZU GUTER LETZT

INSPIRATIONEN AUS DEM SCHAMANISCHEN ALLTAG

Wie beschreibe ich den Duft von Walnussbaumblättern am Abend oder den der Blumen des Weges, den ich jeden Tag auf- und abwärts laufe? Wie das Raunen der Blätter und das leise Schlagen der Wellen an das Ufer des Sees? Wenn ich die Walnussbaumblätter in die Hand nehme und sie ein bisschen zwischen den Fingern reibe, dann überströmt mich Freude. Wenn ich auf dem kleinen Weg zu meinem Haus gehe, duftet es danach.

Verbunden mit dem Ort und dessen unsichtbaren Bewohnern.

Ich beginne immer mehr, die Tiere zu riechen, die hier mit mir wohnen. Gleich neben dem Haus im Wald: Wildschweine, Hirsche, Rehe, einen Fuchs, einen Dachs, Waschbären, Eichhörnchen, Mufflons. Meine Nase beginnt, sie fein zu unterscheiden. Natürlicher Geruch macht glücklich – ich mache eine neue Erfahrung nasaler Art. Landleben mal anders: keine stinkende Gülle, die aus einem dicken Traktor fließt. Intensive Landwirtschaft gibt es hier so gut wie keine, nur reines Quellwasser, das nach Wald duftet. Wir haben keine chemische Keule auf Äckern ohne Kräuter, nur stille Waldwiesen – wild und voll mit Heilpflanzen. Es gibt auch keine stinkenden Abwässer aus Massentierhaltung, stattdessen kristallklare Flüsse, in denen Krebse und Forellen wohnen.

Ein Ort zum Leben, wunderbar. Jedoch ist es nicht leicht, hier tatsächlich zu überleben. Das braucht viel Kraft – auch körperliche –, Erfindergeist, Kreativität sowie eine gute Portion Gewissheit und Gelassenheit, wenn man nicht weiß, ob das Geld für das Schulessen und ein bisschen Benzin reicht. Irgendwie klappt es dann aber doch. Oft geschieht im letzten Moment ein kleines Wunder, welches ich »Vertrauen« nenne.

Die Menschen hier sind überaus hilfsbereit. Da niemand viel hat, wird wie in meiner Heimat Mecklenburg viel getauscht. Erst letzten Sonntag tauschte ich einen Korb frischer Petersilie aus dem Garten gegen Butter, Eier und Hefe, und sparte dabei nicht nur das Geld für den Einkauf, sondern auch Benzin und den Weg in die nächste Stadt.

Einmal tauschte ich Traurigkeit gegen ein herzliches Lachen – ein besonders lieber Mensch besuchte mich. Als er gerade aus der Jurte heraustrat, setzten sich Schmetterlinge auf seine Arme und den Kopf. Ich musste ihn einfach in den Arm nehmen, und wir begannen beide herzlich zu lachen. Eines Morgens kamen Freunde vorbei und brachten einen großen Korb frischer Pilze. Sie bekamen zum Tausch von mir ein fröhliches Lachen, Kaffee, Brot mit Marmelade und einen Becher Ziegenkäse. Abends aßen wir alles gemeinsam auf und hatten eine Menge Spaß.

Lebensfreude und Vertrauen auf den rechten Weg helfen auch in schweren Zeiten.

Wenn man herkommt, um Geld zu verdienen und gute Geschäfte zu machen, ist man ziemlich sicher am falschen Ort. Die Gegend ist arm, und es gibt eine hohe Arbeitslosenquote. Wer dem Gott Mammon hinterher läuft, bleibt besser in den großen Städten. Wenn man Mutter Natur und sich selbst begegnen will, ist man hier auf dem richtigen Weg ...

Was sage ich dazu, wenn liebe Freunde mit mir am Tisch sitzen und nach dem guten Essen bei einem Blick über die Berge und den See zutiefst beeindruckt schweigen? Ich sage nichts, ich bin einfach nur dankbar und glücklich. Und genau das wünsche ich dir genau jetzt. Tiefe Zufriedenheit mit dem, was ist, Freude über die kleinen Dinge des Alltags, Verbundenheit zu deiner Familie und der Natur um dich herum.

Herzlichst, deine Susanne

SUSANNE KRÄMER

Geboren Ende der 60er Jahre am Rande des Städtchens Güstrow, wuchs sie inmitten der malerisch wilden Weite der Seenlandschaft Mecklenburgs auf. Tief im Wald, im Zwiegespräch mit den Bäumen, Tieren und wilden Wesen, ist bis heute ihr Zuhause. Beim Duft von Tannengrün und feuchter Erde, dem Gesang der Vögel und dem Röhren des Hirsches öffnet sich ihr Herz ganz weit, und es durchströmt sie eine Kraft, die sie nirgendwo anders findet.

Ihre schamanische Ausbildung begann nach einem schweren gesundheitlichen und privaten Zusammenbruch, jedoch endete sie nicht mit einem Zertifikat. Eine solche Ausbildung läuft weiter, solange man lebt und bringt immer wieder neue Herausforderungen.

»Mein erster Lehrer Juan war ein einfacher und weiser Mann. Als ich ihn eines Tages wieder einmal fragte, was ein Schamane denn in Europa für eine Aufgabe habe, erzählte er mir: ›Ohne Geister ist ein Schamane nichts. Zuerst rufen sie ihn, und wenn er beginnt zuzuhören, dann lehren sie ihn. Er ist die Brücke, über die sie in der hiesigen Welt wirken können. Es ist eine Sache der Gegenseitigkeit. Je stärker er ist, desto stabiler ist die Verbindung, und umso wirkungsvoller seine Arbeit. Manchmal ist er für die Geister Mutter und Vater zugleich. Er sorgt dafür neue Geister zu zeugen, sie Monate oder Jahre in seinem Bauch zu tragen und beizeiten zu gebären. Er muss sie nähren und pflegen wie seine eigenen Kinder. So können sie stark werden und wieder wachsen, ihn selbst stärker machen. Dies wird dann den Ausgleich bringen zu all dem, was manch herzlose Menschen mit Mutter Natur tun.‹

Ich habe den Geistern versprochen, daran zu wirken, solange ich bin.«

DANKSAGUNG

Von Herzen kommt die Freude und die Dankbarkeit für mein erstes vollendetes Buch. Ich danke dafür meinen Wegbegleitern und spirituellen Lehrern. Don Juan Carlos aus Costa Rica für die erste Initiation, Don Pedro Guerra, der mir das Pflanzenwissen und die Geister des Amazonas nahebrachte, der wunderbaren Nana Nauwald für die zehn Jahre Begleitung, die türöffnende Weisheit, das Ritualwissen und die tolle Gruppenarbeit, den Frauen aus dem Verein Felicitas Goodman Institut für den wertvollen Austausch, Swami Krishna Sherpali und Santosh Dhakal für ihre traditionelle Weisheit aus Nepal, Igor Warneck, Luna Dohm und Janine Jabs für ihre Fotos, die schamanische Zusammenarbeit und die jahrelange Freundschaft, Gabi Peters für die Geduld, schamanische Nothilfe und Liebe, Bhola Banstola aus Nepal für die kraftvollen Rituale seiner Jhankri Ahnen.
Außerdem danke ich Dr. Stefan Raps aus dem nymphenburger Verlag für die geduldige Unterstützung und dafür, dass er an mich und meine Ideen glaubt sowie Monika Riedlinger für das Lektorat. Meinem Mann Günther, ohne den ich den Mut zu schreiben vielleicht nie gefunden hätte, und dafür dass er mich von ganzem Herzen liebt und meine Ideen mit mir in die Welt trägt. Ich danke meiner Mutter Christine und meinem Vater Thomas, meinen Großmüttern Ruth und Magda, die meine ersten Schritte begleitet haben, meinen Söhnen, die mein Herz geöffnet haben, und allen lieben Menschen, die meinen Weg bis heute begleiten. Ich danke den Wesen der anderen Welt für ihr Dasein, für ihre Geduld mit mir und die kompromisslose Lehre.

NACHWORT

In unserer modernen Zeit entfernen wir uns immer mehr von einem natürlichen Leben. Gerade jetzt ist es ungemein wichtig für die Gesundheit der Seele, wieder einen Weg zu den unsichtbaren Kräften der Natur, der Natur an sich und zu unserer eigenen Natur zu finden.

Diesen Weg zeichnet Susanne Krämer in ihrem Buch auf zauberhafte Weise und mit der ihr eigenen Leichtigkeit auf. Fern des esoterischen Mainstream stellt sie Wege und Werkzeuge vor, die jeder Mensch anwenden kann und die mehr als wirksam sind.

Während unserer langjährigen und intensiven Freundschaft war es mir immer eine Freude, ihr beim spirituellen Wachstum beizuwohnen und ich bin beeindruckt, mit welcher Freude sie immer wieder nach einem eigenen Weg sucht und sich nicht von Dogmen oder Produkten der pseudospirituellen Industrie davon abbringen lässt. Ich wünsche mir mehr solcher eigenständigen, sanften, spirituellen Wegsucher für unsere Gesellschaft.

Igor Warneck

HILFREICHE WEBSEITEN

Don Pedro Guerra
Curandero aus Amazonien, Peru
www.don-pedro-guerra.net

Nana Nauwald
ekstatische-trance.de

Felicitas-Goodman-Institut für rituelle Körperhaltungen
felicitas-goodman-institut.de

Bhola Banstola
Jhankri Schamane, Hochschulprofessor für Ethnologie,
Himalaja Fremdenführer
bholanepalshaman.education

bholanepalshaman.educationIgor Warneck
Runenmeister, Lebenskünstler, Fotograf
www.mediatao.eu

LAB.DANUM – Die Räuchermanufaktur
www.labdanum.de

Conrad Amber
www.conradamber.com

Ursula Stumpf
www.kraeuterweisheiten.de

Guntram Stoehr
www.architektur-geomantie.com

BÜCHER ZUM WEITERLESEN

Amber, Conrad: Baumwelten und ihre Geschichten, Kosmos Verlag, Stuttgart, 2015

Bingen, Hildegard von: Naturkunde, Otto Müller Verlag, Salzburg, 1959

Bossinger, Wolfgang: Die heilende Kraft des Singens: Von den Ursprüngen bis zu modernen Erkenntnissen, Traumzeit-Verlag, Battweiler, 2006

Brück, Axel: Die Andersweltreise: Praxisbuch Schamanische Reise, Arun Verlag, Uhlstädt-Kirchhasel, 2016

Flaming Mirror, Mary C.: Süße Medizin, Vier Welten Verlag, Tübingen, 2000

Francia, Luisa: Schutzrituale. Wirksame Hilfe für den Alltag, nymphenburger Verlag, München, 2014

Francia, Luisa: Weidenfrau und Wiesenkönigin: Magie und Heilwissen aus der Natur, nymphenburger Verlag, München, 2009

Fries, Jan: Kali Kaula, Ein Handbuch der Tantrischen Magick, Edition Roter Drache, Remda-Teichel, 2015

Fries, Jan: Visuelle Magie: Ein Handbuch des Freistilschamanismus, Edition Ananael, Wien, 2018

Fries, Neema und Jan: Maat Magick: Ein Leitfaden zur Selbst-Initiation, Edition Roter Drache, Remda-Teichel, 2010

Fuchs, Christine: Räuchern im Rhythmus des Jahreskreises. Die Kraft der Natur durch achtsam gestaltete Räucherrituale im Jahreslauf erfahren, Kosmos Verlag, Stuttgart, 2015

Fuchs, Christine: Räuchern mit heimischen Pflanzen. Sammeln, mischen, anwenden, Kosmos Verlag, Stuttgart, 2016

Gabriel, Vicky; Anderson, William: Der alte Pfad: Wege zur Natur in uns selbst, Arun Verlag, Uhlstädt-Kirchhasel, 2015

Gabriel Vicky; Anderson, William: Seelenpfade – Schamanische Wege zur Heilung von Körper und Geist, Arun Verlag, Uhlstädt-Kirchhasel, 2010

Grabmayer, Johannes: Volksglauben und Volksfrömmigkeit im mittelalterlichen Kärnten, Böhlau Verlag Wien, 1997

Hodapp, Bran O.: Heilen mit Mantras, Schirner Verlag, Darmstadt, 2010

Louw, Richard: Das letzte Kind im Wald, Herder Verlag, Freiburg, 2013

Nauwald, Nana: Der Flug des Schamanen: Schamanische Märchen und Mythen, AT Verlag, München, 2012

Nauwald, Nana: Feuerfrau und Windgesang, AT Verlag, München, 2010

Nauwald, Nana: Mein Wort ist mächtig: Die Kraft der Worte in heilsamen Ritualen, AT Verlag, München, 2015

Puhle, Annekatrin; Trott-Tschepe, Jürgen; Möller, Birgit: Heilpflanzen für die Gesundheit. 333 Pflanzen: neues und überliefertes Heilwissen, Pflanzenheilkunde, Homöopathie, Aromakunde, Kosmos Verlag, Stuttgart, 2015

Rätsch, Christian: Der heilige Hain: Germanische Zauberpflanzen, heilige Bäume und schamanische Rituale, AT Verlag, München, 2005

Rainbow Woman, Sonia Emilia: Der Ruf der Geister, Ibera Verlag, Wien, 2006

Fischer-Rizzi, Susanne: Blätter von Bäumen: Heilkraft und Mythos einheimischer Bäume, AT Verlag, München, 2007

Fischer-Rizzi Susanne: Mit der Wildnis verbunden: Zwölf Wege in die Natur, Kosmos Verlag, Stuttgart, 2016

Rompf, Alexandra und Frank: Instrumentenbau mit Kindern, Auer Verlag in der AAP Lehrerfachverlage GmbH, Hamburg, 2015

Seidner, Wolfgang: ABC des Singens. Stimmbildung, Gesang, Stimmgesundheit, Henschel Verlag, Leipzig, 2007

Stoehr, Guntram: Bäume an Orten der Kraft. Die Botschaft verstehen, Heilung finden, Kosmos Verlag, Stuttgart, 2018

Storl, Wolf-Dieter: Die Seele der Pflanzen. Botschaft und Heilkraft aus dem Reich der Kräuter, nymphenburger Verlag, Stuttgart, 2018

Storl, Wolf-Dieter: Mit Pflanzen verbunden. Meine Erlebnisse mit Heilkräutern und Zauberpflanzen, nymphenburger Verlag, 2018

Strassmann, Renato: Baumheilkunde: Heilkraft, Mythos und Magie der Bäume, Freya Verlag Linz, 2013

Stumpf, Ursula: Pflanzengöttinen und ihre Heilkräuter. Naturkraft schöpfen, Heilwissen nutzen, Kosmos Verlag, Stuttgart, 2017

Stumpf, Ursula: Meine Pflanzenmanufaktur. Bewährte Traditionen neu entdecken, Kosmos Verlag, Stuttgart, 2016

Stumpf, Ursula; Zingsern, Vera: Mythische Bäume. Kulte und Sagen, Heilkunde und Nutzwerte, traditionelles Handwerk, Kosmos Verlag, Stuttgart, 2016

Warneck, Igor: Ruf der Runen, Eine Einführung in die Welt der Runen, Schirner Verlag, Darmstadt, 2016

Young, Jon; Haas, Ellen; McGown, Evan: Handbuch für Mentoren / Mit dem Coyote-Guide zu einer tieferen Verbindung zur Natur: Grundlagen der Wildnispädagogik, Bieber Verlag, Stuttgart, 2014

REGISTER

Alle Angaben in diesem Buch erfolgen nach bestem Wissen und Gewissen.
Der Verlag und die Autorin übernehmen keinerlei Haftung für Personen-, Sach- oder Vermögensschäden, die aus der Anwendung der vorgestellten Materialien und Methoden entstehen können.

2. Auflage 2022

Umschlaggestaltung: STUDIO LZ, Stuttgart
Umschlagmotiv: shutterstock 636086942
Projektleitung: Dr. Stefan Raps
Lektorat: Monika Riedlinger
Bildnachweis: Susanne Krämer: S. 8, 41, 44, 77, 83 sowie Buchklappe vorne außen
Igor Warneck/Luna Dohm: S. 4–6, 7, 9, 10, 12, 13, 15, 16, 17, 18, 19, 20, 21, 22, 23, 24, 25 rechts, 26 oben, 27, 31 unten, 36, 37, 38, 40, 42, 43, 45, 46, 47, 49, 50, 55, 58, 59, 62, 63, 64, 66, 67, 68, 69, 70, 71, 72, 73, 74, 75, 79, 80, 82, 89 sowie Buchrückseite
Janine Jabs, www.janine-jabs.de: S. 33, 52, 53, 54, 56, 57, 60, 61, 65 sowie Buchklappe vorne innen und Buchklappe hinten innen und außen
Kosmos/Frank Hecker: S. 25 links, 30, 32 links (Hecker und Mestel), 34, 35
Kosmos/Heiko Bellmann: S. 31 oben
Kosmos/Roland Spohn: S. 26 unten
Kosmos/Thomas Grüner: S. 29
Satz: Satzwerk Huber, Germering
Druck und Binden: Westermann Druck GmbH, Zwickau
Printed in Germany/ Imprimé en Allemagne
ISBN 978-3-485-02946-9

Unser gesamtes Programm finden Sie unter **kosmos.de/nymphenburger**

Die Deutsche Nationalbibliothek verzeichnet diese Publikation in der Deutschen Nationalbibliografie; detaillierte bibliografische Daten sind im Internet über http://dnb.d-nb.de abrufbar.

Die Kraft uralter Rituale, aufbereitet für unser modernes Leben

Eines Nachts träumt Susanne Krämer, erfahrende Ritualfrau und spirituelle Heilerin, dass ein alter Schamane aus der indischen Provinz Sikkim sie ruft, um sein Wissen mit ihr zu teilen. Daraufhin reist sie tatsächlich in den Himalaya und trifft dort auf das alte Volk der Leptcha und der Gurung. Ihr einzigartiger Bericht gibt tiefe Einblicke in die Lebensweise dieser Menschen, ihre Verbindung mit den Geistern, ihre Naturzeremonien und das Wirken der letzten Schamanen dieser abgelegenen Region. Die Leser*innen erfahren Unglaubliches über die Kraft uralter Rituale und Bräuche und lernen, wie man sie für unser modernes Leben nutzt.

Susanne Krämer
AM SAUM DES HIMMELS
176 Seiten · ISBN 978-3-96860-033-8

nymphenburger

kosmos.de/nymphenburger